GEORG KUHR

Da, wo die Sonne aufgeht

und andere Geschichten und Reime

AF532027

media

Die Deutsche Bibliothek - CIP-Einheitsaufnahme

Kuhr, Georg:
Da, wo die Sonne aufgeht / Georg Kuhr. - Breiholz : Media, 2001

ISBN 3-932637-06-2

© mv media verlag
Müllerloh 5, D-24797 Breiholz
Postfach 405, D-24755 Rendsburg
Telefon: 0 43 32 - 9 87 74
Telefax: - 9 87 73
E-Mail: mediaverlag@foni.net
Internet: www.mv-mediaverlag.de

Redaktion, Layout und Satz: Gerhard Schnieders, Breiholz
Umschlaggestaltung: Gerhard Schnieders, Breiholz
Illustrationen: Monika Orlowski, Bochum

Sämtliche Rechte vorbehalten
Printed in Germany

ISBN 3-932637-06-2

Vorwort

Wir wurden in einer wilden Zeit geboren. Unser Leben verlief natürlich ereignisreich. Einiges von meinen Erlebnissen habe ich aufgeschrieben. Onkel Erich und Fritz Witt haben mir auch so manches aus dem früheren Jarmen erzählt. Humorvoll oder witzig zu sein, das liegt mir nicht. Wenn manches von dem Erzählten dem einen oder andern nun trotzdem lächerlich vorkommen sollte, so ist das von mir nicht beabsichtigt.

Bochum, im Frühjahr 2001
Georg Kuhr

Inhaltsverzeichnis

Geschichten

Friedrich Röhrdanz kehrt heim

„Er hat sieben in acht Buchten“, sagen die Leute und meinen den alten Fischer Röhrdanz, der dort unten in den Wiesen seine Gössel hütet. Ja, seit er seine Heimat dort oben in Ostpreußen an der Samlandküste verlassen mußte, ist es im Kopf des nun Neunundsiebzigjährigen ein wenig durcheinander geraten. Er kann stundenlang auf einer Stelle stehen, und seine wasserblauen Augen sind dann weit, weit in die Ferne gerichtet. Dann gibt er auch auf Fragen gar keine Antwort, oder seine Reden scheinen so verworren, daß die Kinder lachen und die meisten Alten mit dem Kopf schütteln. Es kann vorkommen, daß sich die Gössel verlaufen, und er sieht es gar nicht. Sein Blick geht weit über die Peenewiesen hinaus, über das Feld und verliert sich dann wohl irgendwie in der Ferne. Dann schelten seine Verwandten, bei denen er Unterkunft gefunden hat, mit ihm. Aber sie wissen gar nicht, ob er sie überhaupt wohl hört oder versteht, und wenn sie ihm ins Gesicht schauen und er sieht mit seinem Blick durch sie hindurch, dann schütteln sie wieder mit dem Kopf und brummen nur noch vor sich hin.

Nun ist Friedrich Röhrdanz krank. - In den Wiesen beim Gösselhüten wird er zuerst vermißt, und dann sagt es einer dem anderen: „Friedrich Röhrdanz ist nun krank!“ „Ach Gott“, sagen alle, „neunundsiebzig Jahre für einen Fischer, und denn da oben nicht mehr ganz richtig, dann kann er auch wohl abkommen.“

Ja, der Arzt macht den Verwandten keine Hoffnung mehr. Er verschreibt natürlich ein Pulver, und man holt es aus der Apotheke. Aber der Kranke nimmt es nicht. „Er ist auch noch eigensinnig“, sagen die Verwandten, „und will immer aufstehen.“ Doch man paßt auf, und wenn er wieder besonders unruhig wird, dann gehen sie gleich hin und halten ihn zur Not auch fest. Nun liegt er schon acht Tage, und es ist eine schwere Last für die Verwandten, die ja auch noch mehr zu tun haben. Alle bedauern sie und erzählen, wie es ihnen auch ähnlich schon ergangen ist.

Plötzlich, eines Morgens, gibt es dann eine große Aufregung.

Friedrich Röhrdanz ist verschwunden. Die Polizei ist jetzt auch schon dort und fragt überall, wer den alten Röhrdanz zuletzt gesehen hat. Ja, die Verwandten müssen es immer wieder erzählen und sagen es jedem, daß ihr lieber alter Onkel heute morgen aus seinem Bett verschwunden ist. Dann wischen sie sich wieder über die Augen und sehen sich suchend um, als müßte der Vermißte jeden Augenblick irgendwo auftauchen, denn er hat es hier ja immer so gut gehabt, und die Nachbarn können das allesamt bestätigen. Man sucht auch in den Torfgruben und im Fluß, denn er war ja auch schwer krank und im Kopf auch nicht mehr so ganz da. Aber er wird nicht gefunden.

In Wiek, an der Greifswalder Ostseebucht, gehen die Fischer wie immer im Morgengrauen zu ihren Booten. Der Wind steht von See, und die Wellen rauschen gegen das Ufer, und es ist

das uralte Lied. Zwischen den Dünen liegt ja wohl schon jemand. Aber die Fischer kümmern sich nicht weiter darum und gehen achtlos vorbei. Als die Boote endlich draußen sind, und der alte Fischer Sund nach Hause hinkt, weil er das Rheuma in den Knochen hat, sieht er, da es inzwischen heller geworden ist, daß dort doch wohl noch immer einer liegt. Er geht nun doch etwas näher, und dann nimmt er seine Mütze ab. „Er war einer von uns“, sagen alle sofort einstimmig, obwohl ihn keiner kannte, noch jemals gesehen hatte.

Die wasserblauen Augen des Toten sind weit auf die See gerichtet, und es liegt ein stiller, glücklicher Friede in den entspannten Zügen. Die See hatte ihn gerufen, Friedrich Röhrdanz war heimgekehrt.

Meine Bekehrung

Meine Tante Minna ist fromm. Wenn sie bei uns zu Besuch kommt, dann singt sie mit meiner Mutter fromme Lieder. Sie sind Zwillinge und haben so ziemlich die gleiche Stimme, nur daß meine Mutter ein klein wenig höher kommt. Aber wenn mein Onkel dazu Geige spielt und mitsingt, dann fällt das gar nicht auf. Unser Vater nimmt dann seine Angel und verzieht sich. Tante Minna wundert sich oft über Vaters Geduld, wenn er abends spät nach Hause kommt und nichts gefangen hat. Aber ich habe auch einmal gehört, wie mein Onkel gesagt hat: „Der Christian ist ein verstockter Sünder!" Er betet immer für ihn, damit er auch noch den rechten Weg finde und gerettet werde. Mein Bruder Adolf wollte nun von mir wissen, ob unser Vater dann auch fromme Lieder singen würde. Wir hatten unseren Vater aber noch nie singen gehört und mußten deshalb lachen.

Manchmal predigt mein Onkel auch, und unsere Nachbarn, die sich dazu einfinden, machen dann nachdenkliche Gesichter. „Ja, es ist einer über uns", sagt Frau Reincke. „Und man kann alles nicht wissen", meint Schäfer Wolf. Wenn sie aber dann alle noch singen, dann ruft Hermann Gaffry, auch ein Nachbar, schon mal ganz laut: „Matta, jag die Hühner rein, die ängstigen sich und legen dann morgen keine Eier!" Er ist immer lustig und lacht, wenn er meinen Onkel sieht. Mein Onkel aber sagt: „Er ist ein sündiger Mensch."

Nun hatte mein Onkel meiner Mutter eingeredet, ich sei für mein Alter schon sehr verständig und müsse mich bekehren. Er sprach in unserer Stube mit sanften Worten auf mich ein, und mein Bruder Adolf stand hinter dem Vorhang und feixte und freute sich mächtig, daß er noch nicht verständig war. Unsere Mutter aber hat sich mächtig gefreut, daß ich schon zehn Minuten still saß und scheinbar andächtig zuhörte. Sie schlich auf Zehenspitzen in die Stube, vorsichtig wieder hinaus und war glücklich. Meine Mutter hatte es nicht leicht mit uns Jungens, und ich galt als mächtig ungezogen. Inzwischen hatte mein Bruder Adolf schon auf der Straße allen erzählt, ich würde jetzt fromm. Ich bin dann anschließend auch gleich hin-

ter ihm her und habe ihm eine geballert, denn auf der Straße wurde es überall erzählt, und schon wurde ich darauf angesprochen, und wie es mir vorkam auch bestaunt wie ein Wundertier. Nun war ich also direkt gezwungen, irgend etwas anzustellen, um den vertrauten Zustand wiederherzustellen.
Ich mußte aber erstmal mit meinem Vater mitgehen, und als wir nach Hause kamen, wurde in der Stube schon wieder gesungen. Unser Vater hatte noch etwas vergessen und ging gleich wieder; und ich habe mich in der Küche ganz still verhalten. Unsere Katze ist immer um meinen Stuhl geschlichen und hat dabei geschnurrt. Ich habe gedacht, ob die Katze wohl ihre Milch bekommen hätte, oder ob das bei den Gesängen vergessen worden sei. Da habe ich den Milchtopf genommen und der Katze etwas in ihren Napf geschüttet. Weil es aber dunkel war und die Katze mit dem Kopf gegen den Napf stieß, weil sie auch viel von mir hielt, ist alles daneben gegangen. Ich habe dann schnell alles durcheinander getreten, damit man es nicht sehen konnte. Die Katze aber hat weitergeschnurrt. Nachher war auch der Gesang zu Ende, und unsere Mutter kam in die Küche, und wie sie mich sah, rief sie: „Na da ist er ja, dann können wir ja gehen!" Ich sollte gleich zu Bett, denn sie wollten noch zur Gebetsstunde, die im alten Jugendheim stattfand. Dann meinte Tante Minna, man könne mich eigentlich einmal mitnehmen. Bruder Barsch spräche immer so gut, und das wäre mir dienlich. Das leuchtete meiner Mutter ein. Ich mußte mich noch schnell einmal waschen, meine Sonntagsjacke abbürsten, mein Onkel kriegte endlich seinen alten Opel angeworfen, fluchte über die alte Karre und versprach, sich bald ein neues Auto zu kaufen. Autos waren zu unserer Zeit nun noch sehr selten, und natürlich machte mir die Sache zunächst auch Spaß. Wir waren außerdem ja auch noch nicht vom Klinkenberg herunter, der damals noch längst nicht gepflastert war. Ich kannte natürlich auch alle Schlaglöcher und Untiefen. Aber kannte Onkel Karl die auch, wo er doch fremd war? Die meisten Bewohner des Klinkenberges standen inzwischen vor ihren Türen und bewunderten unser Auto, wie meine Mutter sich das dachte. Mit großer Freude aber sahen sie gebannt, wie Onkel Karl genau auf den Abflußgraben zu-

steuerte, der quer über die Straße verlief, und ansonsten die Stalljauche von Bauer Regelin ins freie Feld leitete. Onkel Karl versuchen zu warnen? Aber nein, ich war doch selber auch gespannt. Und richtig, nun saßen wir fest in der Jauche. Aussteigen war auch nicht möglich, und ehe unsere Klinkenberger beraten hatten, wie und womit und ob überhaupt und warum, rechnete ich mit einer Übernachtung im Auto und genoß den außergewöhnlichen Zustand. Aber zufällig war Friedrich Schulz

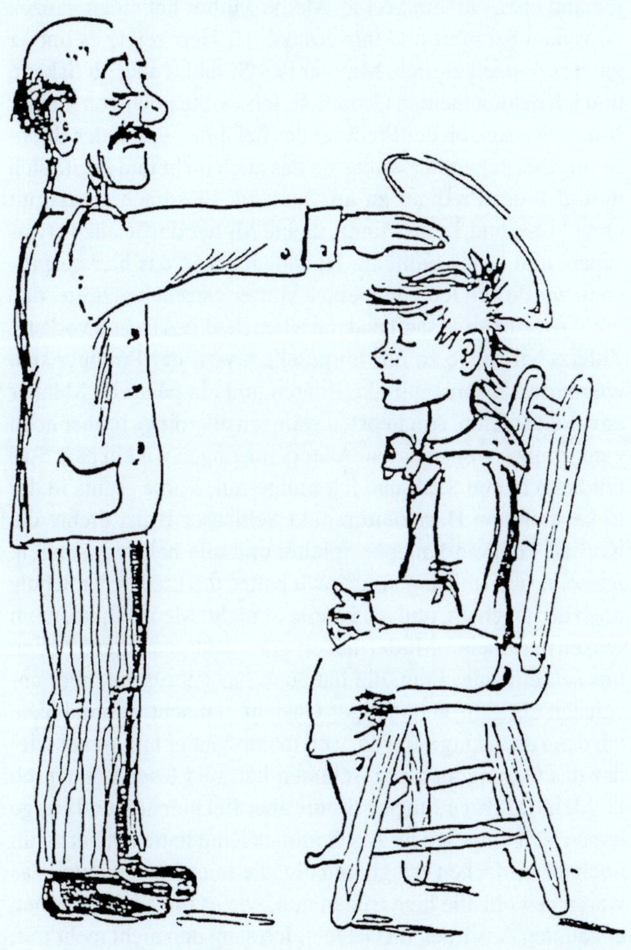

beim Häckselschneiden mit einem Pferd, und ohne uns lange zu begrüßen oder überhaupt sonst etwas zu sagen, spannte er das Pferd vor das Auto und zog uns an Land.

Im Jugendheim wurden wir wie alte Bekannte begrüßt, und man sagte immer Schwester zu meiner Mutter und Tante Minna und zu meinem Onkel Bruder. Gleich vorne an stand eine Blechbüchse, in die alle Geld hineinstecken mußten. Nicht weit davon stand der Prediger und hat immer hingesehen, wenn jemand etwas hineinsteckte. Meine Mutter hat einen ganzen Groschen geopfert und mir gesagt, der Herr segne es und er gäbe es doppelt zurück. Mir war das Geschäft aber zu riskant, und ich behielt meinen Groschen. Ich wollte noch von meiner Mutter wissen, ob der Prediger das bekäme, was in der Büchse sei, aber scheinbar wußte sie das auch nicht und freute sich nun, daß der Prediger zu uns hinkam. Er sprach zuerst mit Onkel Karl und Tante Minna, meine Mutter durfte auch etwas sagen, und es lag wohl am Hochdeutschen, das hier gesprochen wurde und ich von meiner Mutter ganz selten hörte, daß mir ihre Stimme so sanft und mit einem heiligen Beiton vorkam. Zuletzt haben sie zu mir hingesehen, weil der Prediger sich wunderte, da sonst nur alte Frauen und ein paar alte Männer anwesend waren. Am liebsten wäre ich allerdings immer noch ganz einfach weggelaufen. Aber dann gingen wir ein paar Stufen hoch in den Saal, und ich mußte mit. Vorne rechts in der Ecke stand ein Harmonium, und Schlosser Brust drehte die Kurbel, Fräulein Kniepke spielte, und alle haben gesungen. Ich sollte auch mitsingen, aber wir hatten das Lied in der Schule noch nicht gehabt, und ich kannte es nicht. Meine Tante, mein Onkel und meine Mutter haben ganz laut gesungen. Neben uns saß eine alte Frau, die hat auch nur gebrummt, aber ansonsten ein ganz andächtiges Gesicht gemacht. Einmal habe ich dann doch mitgesungen, weil meine Mutter mir immer wieder das Gesangbuch zugeschoben hat, und lesen konnte ich ja. Meine kräftige Jungenstimme aber fiel hier auf, und einige haben sich umgesehen. Als frommes Kind hatte ich bis dahin noch nie Aufsehen erregt, und die, die mich kannten, und das waren ja wohl alle hier, trugen nun, wie es mir vorkam, einen erstaunten Ausdruck im Gesicht. Ich sang nun nicht mehr mit, und meine Mutter schob mir immer wieder vergeblich das Gesangbuch zu. Als sie mit dem Singen fertig waren, kannte ich schon alle Sprüche, die an der Wand standen, auswendig. Dann hat der Prediger geredet und hat auch des öfteren zu mir hingesehen, und alle waren ganz still. Man hörte nur manchmal die Schnarchtöne von Frau Maibauer. Die war nämlich taub, und man stubste sie dann, wenn es zu laut wurde, denn sie störte wohl die Andacht. Mir aber taten nun langsam die Beine weh, denn still einfach nur dazusitzen, war ich nicht gewohnt, und ich merkte, daß mir die Beine einschliefen. Dann habe ich gedacht, wie schön es wäre, in meinem Bett zu liegen, und bin hin und her gerückt, weil mir die Beine immer mehr weh getan haben. Zuletzt konnte ich es nicht mehr aushalten, und die Tränen sind mir heruntergelaufen. Sagen konnte ich nichts, denn alle waren ja so andächtig und haben immer zum Prediger hingesehen. Aber ich habe immer mehr geweint, da es sehr wehgetan hat, und ich konnte meine Beine nicht mehr bewegen. Auf einmal hat meine Mutter gesehen, daß ich weinte, und sie hat Tante Minna angestoßen, denn sie dachte, ich sei von der Predigt so ergriffen, und sie haben sich gefreut. Nach einer Weile hat meine Mutter sich auch über die Augen gewischt. Wie ich aber immer mehr geweint habe, haben sich immer mehr Leute umgesehen und mich betrachtet wie ein Heiligenbild. Viele schienen auch erstaunt, weil sie mich gut kannten.

Dann hörte auch der Prediger auf zu reden und ist zu mir hingekommen und hat seine Hand auf meinen Kopf gelegt wie Jesus auf unserem Bild im Schlafzimmer, und meine Mutter und Tante Minna haben nur so gestrahlt. Sie strahlten in der Annahme, das heilige Wunder habe sich vollzogen. Er fragte mit sanfter Stimme, wie er mir helfen könne. Da habe ich geschluckt und ihm gesagt, mir seien die Beine eingeschlafen. Darauf haben alle im Saal getuschelt, und meine Mutter ist ganz rot geworden. Sie ist mit mir hinausgegangen, und ich lief schnell vorweg nach Hause und freute mich mächtig, daß ich wieder laufen konnte.

Ich war schon im Bett, und dann kam meine Mutter, und jetzt war sie es, die weinte. Sie sagte unserem Vater, daß sie nun

wohl nicht mehr in ihre geliebte Stunde gehen könne, denn ich hätte sie blamiert. Unser Vater hat nichts gesagt, wie es so seine Art war, und meine Mutter meinte, es bestehe auch kein Grund zum Schmunzeln. Onkel Karl und Tante Minna sind dann auch eine Zeitlang nicht gekommen. Onkel Karl hat dann gesagt, ich sollte bloß nicht sein Junge sein.
Ich war auch mächtig froh, daß ich es nicht war!

Familienausflug im Morgengrauen

Es war meistens noch dunkel, wenn wir Kinder im Spätherbst zur Schule mußten. Vom Klinkenberg aus war es auch ziemlich weit zu laufen, und man schaute am besten nicht nach links oder rechts, wenn man nicht zu spät kommen wollte. Wer beginnt den neuen Tag auch schon gerne mit einer Tracht Prügel, und unsere Lehrer kannten da nichts, sie gingen recht großzügig mit ihrem Rohrstock um.

Das Anwesen der Familie Bold war von einem hohen Staketenzaun umgeben, und obwohl es noch früh am Morgen war und man nicht viel sehen konnte, drang doch ziemlicher Lärm aus ihrem Hof hinaus in die morgendliche Stille. Rauhe menschliche Stimmen wurden übertönt von dem durchdringenden Schrei eines Schweines in Todesnot. Dazwischen bellte der Hofhund wie verrückt, was er natürlich nicht sollte, und dann jaulte auch der Hund plötzlich auf, und ich wußte, nun hatte ihn jemand in den Arsch getreten.

Ja, die Sitten waren rauh. Wir wurden damit groß und kannten es ja auch nicht anders. Das Schwein würde bald auch nichts mehr sagen, weil es nun nämlich gleich einen Schlag mit der Axt vor den Kopf bekommen würde als Betäubung, worauf es dann abgestochen werden konnte. So eine Hausschlachtung sollte sich ja auch lohnen, und so ein Schwein hatte mindestens immer seine vier Zentner und auch mehr. Da gehörte schon ein anständiger Bums dazu, damit die Sau nach einem Schlag zu Boden ging. Aber unsere Hausschlachter waren erfahrene Leute und machten das ja nicht zum erstenmal, und wo Hanni Frank mit der Axt hinhaute, da blieb, wie man so sagt, kein Auge trocken. Außer der Reihe bestellten manche auch Paul Kunstmann zum Schlachten. Der konnte das natürlich auch nicht ganz alleine und nahm deshalb seine ganze Familie mit, einschließlich der alten Oma. Man erzählte sich nun, mit einem wohlüberlegten Trick hätte er bislang immer Glück gehabt, und keiner konnte bislang etwas anderes behaupten. Mit einem kleinen Küchenbeilchen pochte er dem Schwein gegen die Schläfe. Natürlich wunderte es sich dann mächtig. Ja, und das nutzte er dann kaltblütig aus. Bevor das

Schwein sich nämlich zum zweiten Mal wundern konnte, warf sich die ganze Familie darauf und riß es zu Boden, blitzschnell nutzte Paul den Moment und stach das Schwein ab. Und im Stechen da soll er unheimlich gut gewesen sein, so wurde erzählt.
Aber das waren ja alles nicht meine Sorgen, und ich mußte nun erst einmal sehen, wie ich auf dem schnellsten Weg zur Schule kam. Aber es gab dann ganz plötzlich einen mächtigen Knall, Holz splitterte, und der Staketenzaun zu meiner linken Seite flog auseinander. Mit großer Erleichterung stellte ich erst einmal fest, daß man mich dafür nicht verantwortlich machen konnte. Zornig grunzend tauchte nämlich nun die Sau in der entstandenen Zaunlücke auf und hatte es auch ziemlich eilig, und man hatte sie offensichtlich beleidigt. Auf ihrem Rücken aber saß die gesamte Familie Kunstmann eng aneinandergeschmiegt, und vorne an die Oma in ihren langen, schwarzen Röcken und schaute ganz und auch ohne Panik in die schöne Welt. Aufgeregt war nur Paul, der, sein Beilchen schwingend, hinterherlief und sich auf diese Art wohl nicht seine ganze Familie entführen lassen wollte.
Am klügsten wäre es für mich natürlich gewesen, diesen Ort schleunigst zu verlassen. Und ich wollte es natürlich auch, aber ich bekam so etwas wie Lachkrämpfe und konnte einfach beim besten Willen nicht fortlaufen und kriegte dann auch, was ganz natürlich war, von Paul Kunstmann kräftig eine geballert. Ja, aber was nutzte das, ich mußte ja immer noch lachen, und so kam er schnell noch einmal zurück und ballerte mir noch eine.
Bauer Fritz Krauel hatte wohl den Krach gehört und sah von der Tür seines Kuhstalls aus herüber und erblickte die „Reiter im Morgengrauen“. Aber es war nicht seine Art, sich über irgend etwas zu wundern.
„Paul du bist doch doof!“ rief er hinter Paul Kunstmann her. „Das Schwein kommt doch von alleine in den Stall zurück, und du mußt es nicht noch weiter wild machen!“ Der alte Lüders wurde bei der wilden Jagd um Haaresbreite umgerannt, als er ahnungslos um die Ecke kam. „Ja,“ sagte er, „das mußte ja einmal kommen, denn immer klappt das nicht. Sag, mußt du

nicht in die Schule?“ wandte er sich dann an mich. Ich sauste nun ab so schnell ich nur konnte, aber ich kam natürlich zu spät.

Vor der ganzen Klasse durfte ich dann erzählen, was ich in der Frühe schon alles erlebt hatte. Alle waren erstaunt und, wie es mir erschien, auch Gustav Rossow, unser Lehrer, und ich staunte dann wiederum, warum er mir noch eine Ohrfeige verpaßte. Ja, sagte er, ich hätte versucht, eine bürgerliche Familie lächerlich zu machen, indem ich bei meiner Schilderung gesagt hätte: „... die Kunstmanns saßen auf dem Schwein, als wenn sie schon länger unterwegs gewesen wären.“ Dabei hatte ich es nur so erzählt, wie ich es ehrlich gesehen hatte.

Fritz Höfelmeier aus Hüde, dem ich die Sache kürzlich erzählte, kommt auch aus der Landwirtschaft und war dann später Lehrer und hatte deshalb auch sofort den richtigen Durchblick. „Das“, sagte er und hob seinen rechten Zeigefinger, „kann natürlich nur passieren, wenn das Schwein nicht richtig festgebunden wird.“

Da, wo die Sonne aufgeht

Es war schon spät am Abend, als sie noch an unser Fenster klopften. Ausgemergelt und krumm, mit hängenden Schultern standen sie vor unserer Tür. Es ging von ihnen so eine müde Trostlosigkeit aus, daß auch ich mit meinen fünf Jahren merkte, daß hier bei allem Elend der damaligen Zeit etwas Besonderes geschehen sein mußte. „Ja, der gnädige Herr hat uns aufgekündigt. Er braucht unsere Katenwohnung für junge Leute. Und Mutter und ich, wir können ja auch nicht mehr so recht“. So lange der alte Bierbaum und seine Frau denken konnten, waren sie nur immer in ihrem Dorf gewesen. Von Sonnenaufgang bis Untergang wurde auf den Feldern gearbeitet, wurde das eigene Vieh versorgt und wurden die Kinder recht und schlecht betreut. Sieben Kinder hatten sie in der einen Stube mit der Kammer, der kleinen Küche, der Diele und dem Stallanbau großgezogen.

Sonntags hatten sie weißen Sand auf den Steinfußboden von Wohnzimmer und Diele gestreut, und wenn dann im Frühling der Fliederbusch vor ihrem Katen blühte und duftete, dann waren sie sogar glücklich. Natürlich ging man am Sonntag in die kleine Dorfkirche, und auch vom Schloß war ja meist jemand da, und alle Tagelöhner freuten sich und sahen voller Stolz zum herrschaftlichen Gestühl mit dem Wappen ihrer Herrschaft. Vorne am Altar war auch noch eine Tafel und darauf standen die Namen der Gefallenen des Ersten Weltkrieges. Ja, auch im Dorf hatte der gnädige Herr eine Gedenktafel für die Gefallenen errichtet, und man konnte lesen, daß sie in treuer Pflichterfüllung fürs Vaterland gefallen waren. Alle vier Söhne von Mutter und Vater Bierbaum waren fürs Vaterland gefallen, und bei der Einweihung der Tafel hatte der gnädige Herr ihnen persönlich die Hand geschüttelt und ihnen gesagt, wie stolz sie auf ihre Söhne sein könnten. Von diesem erhabenen Erlebnis erzählten die Bierbaums immer wieder und mußten sich dabei stets über die Augen wischen.

Aber nun standen sie arm, alt und verbraucht vor unserer Tür und wollten sich auch nur verabschieden. Ja, ... wenn es möglich wäre, ... vielleicht bis zum Morgen, irgendwie. Sie hatten ja auch noch drei Töchter großgezogen. Die eine war in einem Dorf bei Stettin verheiratet und hatte auch einmal, allerdings vor ein paar Jahren schon, eine Karte geschrieben. Gott, wo soll man auch die Zeit zum Schreiben hernehmen, und es war auch die einzige Post, die sie jemals erhalten hatten. Die Karte hatte immer hinter dem Spiegel gesteckt und war nun mit der Zeit schon ziemlich unansehnlich. Aber dort wollten sie nun hin, denn einen weiteren Anhaltspunkt hatten sie ja auch nicht. Eine Tochter war in die weite Welt gegangen, ja sie glaubten bis nach Berlin sogar aber sie hatten nie wieder etwas von ihr gehört. Die jüngste, die Lisbeth, die lag auf dem Dorffriedhof. Sie soll ein sehr nettes und hübsches Mädchen gewesen sein, und deshalb hatte sie der gnädige Herr ja auch als Stubenmädchen auf das Schloß geholt. Es wurde ihnen ja dann nach ihrem plötzlichen Tod allerhand zugetragen und erzählt. Aber nein, das glaubten sie auf keinen Fall vom gnädigen Herrn, und jede Verdächtigung in dieser Richtung kam ihnen einer Gotteslästerung gleich.

Ihren ganzen verbliebenen Besitz hatten sie auf einen Handwagen verladen. Zwei vollbepackte Persilkartons, einen Sack

Kartoffeln und einen halben Sack Roggen. - Geld? Ach nein, Geld hatten sie ja außer ihrem Deputat kaum bekommen. Ihre paar Hühner wollten sie erst mitnehmen, und auch die Katze ließen sie ungern zurück, aber man wußte ja aus Erfahrung, daß sie doch wieder nach Hause zurückliefen. Bei den jungen Nachfolgern, nun, da hatte sie es ja auch bestimmt gut.

Wo man ihnen jetzt ihre Arbeit und alles genommen hatte, fühlten sie sich auch wie Bettler, und sie konnten das ja gar nicht annehmen, was unsere Mutter ihnen zum Essen vorsetzte. Sie schliefen auch wohl kaum in der Nacht, und schon im Morgengrauen sah ich sie im Hof an der Pumpe stehen wie zwei alte abgearbeitete Pferde, die Minuten vor dem Sterben der Roßschlachter holt. Einsam, verlassen und ratlos – so standen sie da, und so zogen sie dann hinaus auf die Landstraße. Wir konnten uns nicht verabschieden, und den anderen waren sie nicht bekannt genug; so wie ihnen ging es zu der Zeit bei uns tausend anderen auch.

Ich aber sah ihnen lange nach wie sie müden Schrittes dahinzogen und am Horizont zuletzt immer kleiner wurden. Und da ging auch im Osten über den Peenewiesen die Sonne auf, und genau in die Sonne hinein zogen sie.

Der alte Schäfermeister Wolf aus unserem Hause, der Ihnen auch nachsah und als Spukenkieker galt, schaute gen Osten in den Sonnenaufgang, und dann hörte man ihn sagen: „Von dannen euch einst Hilfe wird“. Ja so Sprüche hatte er immer drauf, und es wird behauptet, er könne in die Zukunft schauen.

Man kann nicht alles wissen

Wir waren in einem Heidedorf bei Bauern einquartiert. Die mußten sich ganz schön abrackern, denn das einzige, was üppig wuchs, das war das Heidekraut. Ohne künstlichen Dünger wie heute war eben nichts. „Die Spatzen mußten knien, wenn sie an die Ähren wollten", auch ähnliche Sprüche gingen um. Daß man sich bei uns in Vorpommern in einem Roggenfeld verstecken könnte, nein, das hatten sie noch nicht gesehen, und das glaubten sie auch nicht.
Der Kamerad auf meinem Zimmer war ein Wiener. Nein, vielmehr ein Ostmärker, wie sie sich damals ja noch voller Stolz nannten. Diese Wiener waren als Großstädter uns Dorfburschen meistens weit überlegen, und nur von Ackerbau und Viehzucht, nein, davon verstanden sie rein gar nichts. Wir Mecklenburger und Pommern, ja, wir kannten uns nun hier um so besser aus und zeigten es auch bei jeder Gelegenheit. Hier standen unsere Wiener Kameraden im Abseits. Aber wenn ich ehrlich sein soll, sie zeigten niemals Neid oder gar Mißgunst, wenn wir ihnen die Harke oder Forke aus der Hand nahmen. Dafür kannten sie sich nun wieder mit den Frauen besser aus, und ihr Wiener Dialekt schien noch mehr Eindruck zu machen als der Dialekt unserer Kameraden aus Sachsen. Mir kam das jedenfalls so vor.
Bei unserer Ankunft im Dorf hatte man uns erlaubt, im Garten zu pflücken und zu essen, was uns schmecken würde. Natürlich haben wir davon reichlich Gebrauch gemacht, mir ist das auch alles bekommen, und ich schlief die erste Nacht ruhig und zufrieden. Bei meinem Wiener war das nicht so. Er rüttelte mich unsanft aus dem Schlaf: „Schani, wo ist hier die Toilette?" Ich sagte: „Du Schafskopf," und wenn ich ärgerlich bin natürlich auf Mecklenburger Platt, „die haben hier doch keine Toilette, die scheißen hier auf den Mist!"
Er hatte auch schon versucht aus der Haustür zu gelangen, aber auf dem Hof und vor der Tür befand sich so ein Bello, und nach seiner Handdeutung mußte er die Größe eines ausgewachsenen Kalbes haben. „Komm du doch einmal mit runter, du bist doch so ein Hundenarr!" Aber da war nun auch, wie

man so sagt, guter Rat teuer. Kaum hatten wir die Haustür nur etwas geöffnet, steckte der Bello seine Schnauze dazwischen und ließ überhaupt nicht mit sich reden. Ja, er steigerte sich ganz offensichtlich in eine mächtige Wut, wenn er meinen unglücklichen Kameraden erspähte. Ich nehme nun stark an, es waren vor allen Dingen die unruhigen, zum Teil zuckenden Bewegungen des Kameraden, die den Hund so irritierten. Wir wollten die Bauersleute wecken, aber in dem großen Gebäude kannten wir uns noch nicht aus.

Uns fiel natürlich in der Not auch der Witz ein, daß sogar schon die Stiefel dafür herhalten mußten. Des Bauern Stiefel standen zwar vor der Tür, aber ... und denn auch noch am ersten Tag? Seine wollte er natürlich auch nicht nehmen, und auch meine konnte ich ihm, alles auf die schnelle, ausreden. Aber wenn die Not am größten, dann hat man bekanntlich auch die besten Einfälle, sozusagen aus der Not geboren. Mir fiel eine Erzählung von meinem Onkel Erich ein, wie er in ähnlicher Lage sich zu helfen gewußt hatte.
In den Schubladen der Kommode in unserem Zimmer liegt doch bestimmt Zeitungspapier aus. Das legt man auf einen

Haufen, und das Eingewickelte wirft man dann eben zum Fenster hinaus. Es war die einzige, letzte und auch rettende Möglichkeit.

Ich sah dann auch noch, wie er das Fenster öffnete, wie er dort im Nachthemd stand, und ich dachte noch: „Wie so ein Diskuswerfer!“ Ich suchte dann noch vergeblich nach einer anderen Bezeichnung hierfür und war dann bereits wieder eingeschlafen.

Im Morgengrauen anderntags weckte er mich dann schon wieder - diesmal mit einer Frage: „Sag einmal, hast du das gewußt, daß hier Doppelfenster sind??“

Lux

Vor der Tür des Bauernhauses stand eine alte, inzwischen schon ziemlich dicke Kastanie und darunter die Hundehütte von Lux. Die alte Kastanie war sein Stammbaum, und weiter brauchte er auch keinen. Seinem braunen Fell nach zu urteilen, hatte er wohl einen Boxer in der Familie, und ich vermute, ihm war das gleichgültig. Sein Leben als Kettenhund verlief gleichmäßig, er meldete morgens den Zeitungsjungen und dann gegen Mittag den Briefträger, und er kannte auch alle Kinder, die am Morgen zur Schule gingen und am Hof vorbei mußten. Der Bauernhof war einer der größten im Ort, und der Besitzer hatte ihn von seinen Eltern übernommen, diese auch schon von ihren Eltern usw. Sonst kannte er nichts von der Welt, und so begann auch bei ihm fünf Kilometer hinter dem Klinkenberg das Ausland.

Dann mußte man jemanden zum Ortsbauernführer wählen, und er war auch stolz über diese Auszeichnung, und auf einem Blechschild vor der Tür konnte es sogar jeder lesen.

Im Jahre des Herrn 1945 wurde dies nun aber böse für ihn als Ortsbauernführer und damit auch für die ganze Familie. Sie wurden kurzerhand enteignet, und der Ortsbauernführer wurde abgeholt.

Lux, der Hofhund, fiel nicht unter die Enteignung, weil ihn niemand haben wollte. Er hatte das alles nicht verstanden und sich dann schließlich von der Kette losgerissen. Einesteils, wie anzunehmen war, wohl aus Hunger, andernteils wunderte er sich über die Unordnung auf dem Hofe, außerdem war sein Herr immer noch nicht zurückgekommen. Er legte sich an den Straßenrand, behielt die Straße unter Aufsicht und wartete auf seinen Herrn. Futter, welches ihm nun mitleidige Leute brachten, beachtete er nicht; er wartete. Frau Günther setzte sich zu ihm und sprach lange auf ihn ein, und er kannte sie ja auch schon länger. Er trottete schließlich müde mit und fraß sogar etwas. Aber dann rannte er gleich wieder los, legte sich auf seine alte Stelle im Hof und behielt die Umgebung und die Tür fest im Auge. Seine Hütte gab es nicht mehr, und auch seine alte Kastanie hatte man kurzerhand zu Brennholz verarbeitet.

Wenn der Hunger nun gar zu arg wurde, dann lief Lux zu Frau Günther und schlang schnell etwas in sich hinein und lief dann aber schnell wieder zurück an die Straße und wieder zum alten Hof. Es kamen nun auch Leute, die den herrenlosen Hund gebrauchen konnten und ihn mitnehmen wollten. Aber er beachtete sie gar nicht, und in seinen treuen Hundeaugen lag so eine Verzweiflung und Müdigkeit, daß man es aufgab, mit so einem komischen Hund zurechtzukommen.
Dann wurde von Tollwut gesprochen. Alle Hunde mußten angeleint werden und einen Maulkorb tragen. Auf streunende Hunde, so wurde bekanntgegeben, werde geschossen.
Lux kam, schwer angeschossen, noch von der Straße bis auf seinen heimatlichen Hof und erreichte auch noch seinen alten Platz, wo einstmals seine Hütte unter der alten Kastanie gestanden hatte. Noch einmal versuchte er sich aufzurichten, den Blick fest auf die Eingangspforte gerichtet, und dann streckte er sich, und seine treuen Hundeaugen brachen.

Hier irrten die Partisanen

Bei uns zu Hause in Jarmen ist die ganze Gegend flach, und so kann man weit über die Peenewiesen sehen bis zum Horizont, und wenn man vom Klinkenberg und dem Kronsberg einmal absieht, dann gibt es in unserer unmittelbaren Nähe nur noch den Hasenberg in Gützkow.

Ja, und mich als Flachlandtiroler schickte man ausgerechnet als Soldat nach Jugoslawien. An und für sich sollten wir dort unsere Ausbildung beenden und den Jugos wohl auch zeigen, daß Deutschland immer noch Soldaten hatte, obwohl der Rest in der ganzen Welt verteilt war.

Die Gegend gefiel mir vom ersten Tag an nicht, und ich konnte ein ungutes Gefühl nicht loswerden. Dazu hatte ich auch von Anfang an den Eindruck, daß die Leute dort uns scheinbar nicht mochten.

Aber am meisten störten mich persönlich die Felsen und Berge, denn das ganze lud ja direkt zum Räuber- und Gendarmspielen ein. Ja, und was ich nun sogleich merkte, das wußten die dort unten auch schon, und sie machten reichlich Gebrauch von ihren Möglichkeiten. Als Partisanen huschten sie wie die Gemsen von Fels zu Fels, wir wurden hinterher geschickt, und sie hatten viel Spaß an unserer Dummheit.

Ich hatte es im Laufe der Zeit oft erlebt, daß meine Kameraden schon im Wald mit ihrem Latein am Ende waren und dort blind herumliefen oder sich wunderten, wenn man sie dort wie die Hasen abknallte. Da ich aber in Wiesen und Moor groß geworden war, hatte ich unter anderem auch gelernt, in freier Wildbahn alles zu beachten und auch entsprechend zu deuten. Aber zu diesem Land hatte ich einfach keinen Draht, und ich würde heute sagen, ich stand dort und kam mir vor wie ein Fischreiher in Bochum auf der Kortumstraße.

Indessen innerhalb der Städte ließ man uns ungestört, denn dort waren wir eben die Sieger, und man respektierte uns. Aber außerhalb oder gar in den Bergen, dort hatten wir nichts zu melden. Wir eroberten natürlich so manchen Stützpunkt der Partisanen in den Gebirgsdörfern. Doch dann fingen sie an, von den Hängen links und rechts auf uns zu schießen, und wir

wussten gar nicht, wohin wir zurückschießen sollten.
Ein deutscher Schäferhund lag getroffen an der Straße. Es war ein Prachttier, und es sah mich so vorwurfsvoll an, dass ich ihm einfach helfen musste. Ich verband ihn so gut es ging. Anschließend stieß ich wieder auf eine Gruppe der Unsrigen, die soeben einen Truthahn erlegt hatten. „Ja," sagten sie, „der hat uns angegriffen." Das haben die Truthähne nun so an sich, und das war nicht zu widerlegen, und soviel verstand ich auch von der Geflügelzucht. Mitnehmen, nein, daran hatten sie überhaupt noch nicht gedacht, und keiner gedachte sich, die Mühe zu machen. Da ich nun aber schon immer einen gewissen praktischen Sinn hatte und der Truthahn am Spieß auch, solange ich denken konnte, nicht auf unserer Speisekarte erschienen war, so stopfte ich ihn in meinen Rucksack. Es gelang mir auch mit etwas Geschick, nur die breiten Schwanzfedern, die mußten draußen bleiben. Anschließend gingen wir dann wieder in Schützenkette zum Angriff vor, und ein leichter

Wind wehte uns ins Gesicht. Plötzlich verstummte das Gewehrfeuer der Partisanen vor uns schlagartig, und wir wunderten uns natürlich und fanden dafür auch zunächst keine Erklärung bis es dann ebenso plötzlich verstärkt wieder einsetzte. Aber Junge, Junge – so einen Kugelhagel hatte ich noch nie erlebt, und alle schossen nur auf mich. Natürlich fiel mir das auch sofort auf, und ich lag bestimmt richtig in der Annahme, dass sich die im Winde ausgespreizten Schwanzfedern des Truthahns hinter meinem Stahlhelm gut als ein besonderes Ziel ausmachten. Ich sah unter diesen Umständen mit Bedauern ein, daß es mit Truthahn am Spieß wohl doch auch seine Tücken hatte, und so trennten wir uns dann doch besser. Später hörten wir aus einer sicheren Nachrichtenquelle, und es soll auch durch die Partisanenpresse gegangen sein, die Deutschen würden jetzt neuerdings im Partisanenkampf auch Indianer einsetzen.

Der Lebemann

Gewiß, mit seinem bisherigen Leben war er so lange ganz zufrieden gewesen, doch es gab natürlich auch Momente, wo er meinte, an dem alten Reim wäre doch etwas dran: „In Jarmen ist's zum Gotterbarmen."
Von den Alten war kaum jemand aus seinem Ort herausgekommen, und so erzählten sie im Alter von ihrer Militärzeit, und die alten Frauen besannen sich auf ihre Schulausflüge. Es starb so mancher von den Alten, der nie in seinem ganzen Leben über seinen Hof hinausgekommen war, weil sie zeitlich ja auch immer angebunden waren. Zum Schützenfest nach Gützkow, zum Hasenberg oder auch nach Völschow, ja gewiß, das war schon einmal drin, aber damit hatte es sich dann auch.
Die Albrechts waren von Natur aus neugierig, und Paul hatte schon so einiges von Hamburg und auch von Berlin gehört. Leisten konnte er es sich und notfalls wurde eben eine Kuh verkauft. Er wollte sich dann noch von allen Verwandten verabschieden, aber das waren auch alles Albrechts und hätten einen Haufen neugierige Fragen gestellt.
So brachte ihn die Kleinbahn im Morgengrauen nach Greifswald, und von dort ging es ab in die weite Welt bis Berlin. Auf dem Stettiner Bahnhof ging er stolz in das nächste Hotel, nahm ein Zimmer, ging in den Speisesaal und bestellte ein Essen. Alsbald kam der Ober dann auch mit der Suppe. Ne, die wollte unser Bauer gar nicht haben, und für Wasser gab er kein Geld aus. „Weg mit dem Wasser!" herrschte er den Ober an, „Kartoffeln und Fleisch will ich haben!" und den Blick des Obers wohl falsch deutend, fügte er hinzu: „Am Geld liegt es nicht", und er klimperte in der Tasche mit dem Kleingeld. „Jawohl, der Herr", und der Ober nahm die Suppe wieder mit; unser Bauer erhielt anschließend, was er mochte. Danach zog er los, und mit genügend Geld in der Tasche kommt man meistens dann immer zurecht, und wenn man etwas Glück hat, auch auf seine Kosten. Es tat sich allerhand in der einen Nacht, und keiner kannte einen, und man konnte sich einmal so bewegen, wie man es schon längst einmal tun wollte. Er kam dann auch ziemlich angeschlagen in sein Hotelzimmer zurück und legte

sich schlafen.
Der Zufall wollte es nun jedoch, daß im Nebenzimmer ein Gast krank wurde und sogar der Arzt geholt werden mußte. Zu der damaligen Zeit wurde noch viel mit einem Einlauf kuriert. Der Hoteldiener oder der „Friedrich“, wie man sagte, erhielt den Auftrag, die Sache durchzuführen. Dieser geriet nun aber irrtümlich in das verkehrte Zimmer und verpaßte unserem Bauern aus Jarmen den Einlauf. Nun – der stöhnte ja auch und war schwer angeschlagen, und so fiel der Irrtum überhaupt nicht auf.
Er kam dann auch glücklich wieder nach Hause und konnte in Zukunft mitreden. Nur das viele Geld tat ihm jetzt leid, er wußte dafür aber in der weiten Welt Bescheid.
In seiner Stammkneipe ließ er sich zunächst nicht sehen. Er

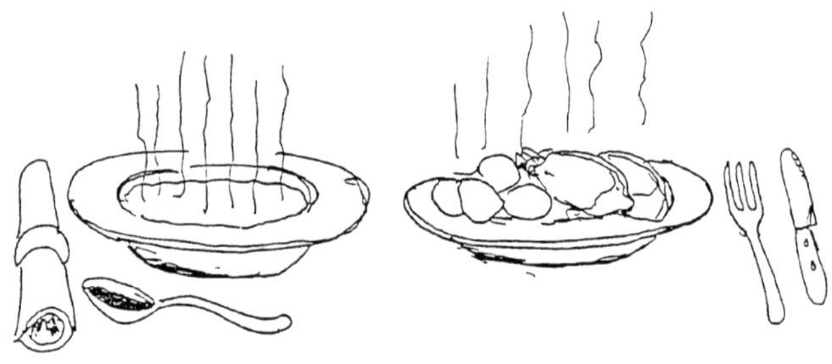

müsse nun erst einmal wieder sparen, so wurde gewitzelt. Allerdings bei der nächsten Feuerwehrversammlung, da war er wieder voll dabei, und er erzählte nun – und was hatte er nicht auch alles erlebt. Aber einen vernünftigen Rat gab er seinen Kameraden doch mit auf den Weg, denn das glaubte er, ihnen schuldig zu sein. „Wenn ihr euch in einem Hotel in Berlin Essen bestellt, dann kann ich euch nur raten, eßt bloß die Suppe auch, denn bekommen tut ihr sie auf jeden Fall, und wenn sie euch des Nachts von hinten eingetrichtert wird.“

Teufelszeug

Bauer Schulz verstand die Welt nicht mehr. Nun hatten sie man bloß diese eine Tochter, und die wollte nun auch noch ins Ausland heiraten. Ja, als wenn es nicht genug Söhne von den anderen Bauern im Ort gäbe. Ihre Mutter hatte ihr da zu viel den eigenen Willen gelassen, und dann war sie ja auch sogar noch immer nach Greifswald zur besseren Schule gefahren. Mädels mit so viel unnützem Kram im Kopf, die sind dann zum guten Schluß oft zu dösig für die Landwirtschaft geworden. Nun hatten sie also die Bescherung. Das war überhaupt nicht zu begreifen, und das konnte man ja auch gar keinem erzählen – nach Berlin wollte sie heiraten.

Wenn sie einen aus dem Nachbardorf geheiratet hätte, nun ja, man wäre vielleicht mit der Zeit darüber hinweggekommen, aber nach Berlin? „Ich zur Hochzeit nach Berlin?“ Bauer Schulz tat das weit von sich, und diesmal schien auch alles Nötigen wenig zu nutzen.

Wie man es dann aber doch noch geschafft hatte, daß er nun in Berlin an der Hochzeitstafel saß, das wird wohl nie genau geklärt werden können. Jedenfalls saß er nun mit an der Hochzeitstafel und schaute so unglücklich drein, daß es einen Hund jammern konnte. Nun, er würde schon auch noch auftauen, und alle um ihn herum machten ja auch fröhliche Gesichter. Aber für Bauer Schulz aus Jarmen war hier alles fremd. Und wenn man noch wenigstens plattdeutsch gesprochen hätte. –

Man gab sich redlich Mühe mit ihm, aber er druckste immer mehr herum. Schließlich wurde es seiner Tochter dann doch zu bunt, und sie fragte ihn: „Nu, Vadder, was is denn?“ Ja, und da kam nun alles, was sich bei ihm bislang aufgestaut hatte, aus ihm heraus, und er fragte seine Tochter: „Wo habt ihr hier eigentlich euern Mist?“ Er verspürte unter anderem ein dringendes Bedürfnis und war dazu zu Hause immer auf den Mist gegangen. Ja, nun war aber natürlich etwas los: „Nicht einmal einen anständigen Misthaufen; was ist das überhaupt für eine Wirtschaft?“ Nun, er hatte ja auch von Anfang an allerhand befürchtet, aber nicht einmal einen anständigen Misthaufen

hatten sie in ihrer Wirtschaft.
Man konnte ihn dann auch wieder halbwegs beruhigen, und seine Tochter erklärte ihm die Raffinessen eines Wasserklosetts. Natürlich wollte er mit dem modernen Kram überhaupt nichts zu tun haben, und auf so einen Rasiernapf da würde er sich nicht draufsetzen. Na ja, aber sie ließ ihn dann doch allein, und es würde ja auch wohl werden.
Aber so verging dann schließlich eine Viertelstunde, und dann wurde es eine halbe, und Vater Schulz war immer noch nicht wieder zurück. Da ging seine Tochter dann doch nach ihm sehen. Er war todunglücklich und fuchsteufelswild. An der Brille, die er nicht heruntergemacht hatte, war er mit seinem Hosenträger verfangen, und er hatte es ja auch gleich gewußt, daß das ganze mit dem Teufel zuging. Er wäre auch schon längst fertig und hätte auch schon drei mal geklingelt, ja und dann, seine Stimme bebte vor Wut, dann hätte ihm doch jedesmal so ein infamer Hund einen Eimer Wasser vor den Hintern geschüttet.

Weihnachten 1926

Vierzehn Tage vor Weihnachten kam der Vater niedergeschlagen nach Hause. Die Zuckerfabrik in Jarmen hatte ihre jährige Arbeit beendet, und er legte die letzte Lohnabrechnung auf den Tisch. Nun würde er wieder stempeln gehen müssen. Das heißt, die ersten acht Tage bekam er gar nichts, und dann nach weiteren acht Tagen genau drei Mark und fünfzig Pfennige. Ja, so war das damals, und die Kinder freuten sich auf Weihnachten und glaubten noch ans Christkind oder den Weihnachtsmann. Bis spät in die Nacht hinein saß so manche Mutter bei einer Petroleumlampe und strickte und schneiderte, damit die Kinder doch wenigstens heil und sauber herumliefen. Und so war der Heilige Abend da. Kein Pfennig Geld im Hause und nicht einmal zu einem Tannenbaum hatte es gereicht. In den nahen Wäldern standen allerdings genug, aber die Förster paßten gerade vor Weihnachten auch besonders auf, und alles will gelernt sein, und wenn es Tannenbaumklauen am Heiligen Abend ist.

Den Eltern taten die Kinder leid, die sich so wie alle Kinder auf Weihnachten gefreut hatten. Die Mutter weinte, und dieses Weinen tat einem Kinderherzen unendlich weh. So etwas ging doch nicht, und der Junge beschloß, mit dem Weihnachtsmann selbst zu sprechen. Die Peenewiesen waren gefroren, und drüben auf der anderen Seite der Peene war der Wald, wo der Weihnachtsmann wohnen sollte. Er zog seine Pudelmütze über beide Ohren und stapfte los.

Das Eis war noch nicht besonders fest und knirschte unter seinen Füßen. Er schritt unbeirrt weiter, denn dort drüben war der Wald, und dort mußte er hin. Lauter und stärker krachte die Eisdecke, aber er schritt furchtlos weiter. Leichter Schneefall setzte ein, er beachtete es nicht weiter. Jetzt hatte er die Peene fast erreicht, und drüben, auf der anderen Seite begann der Wald. Die Schneeflocken fielen jetzt dichter, und weit und breit war nichts zu hören als nur das Knistern des Eises. Es klang jetzt dumpfer durch den Schnee, der nun schon darauf lag. Doch weiter und immer weiter ging er seinem Ziele entgegen. Würde er vielleicht zu spät kommen? Könnte es sein, daß

er ihn nicht mehr antreffen würde? Vielleicht war er auch schon unterwegs. Die älteren Jungs behaupteten, es gäbe gar keinen Weihnachtsmann. Aber das behaupteten manche Leute ja auch vom Lieben Gott. In der Schule hatte die Lehrerin ihnen noch die schönsten Weihnachtsgeschichten vorgelesen, und an dieser Märchenwelt hielt er noch mit seinem ganzen Kinderherzen fest. In der Schule würden sie staunen, wenn er nach den Ferien von seinen Erlebnissen erzählen würde.
Plötzlich ein berstendes Krachen! – Er stand im eisigen Was-

ser, aber zum Glück nur bis zur Brust. Gerade in dem Augenblick begannen auch die Kirchenglocken zu läuten. Ein Weidenstrauch ragte mit seine Ästen über das Eis. Es gelang ihm, sich an den Ästen wieder auf festeres Eis zu ziehen. Seine Zähne schlugen klappernd aufeinander, als er um die Stallecke bog, um schnell und unauffällig im Stall zu verschwinden. Doch auch sein Vater kam gerade über den Hof, und er mußte noch mit einer gehörigen Tracht Prügel rechnen. Doch sein Vater blieb ganz ruhig, und auch seine Mutter schimpfte nicht. Das ganze war zwar sonderbar, aber dafür war wohl Heiliger Abend. Ruhig rieb seine Mutter mit Tüchern seine kalten Glieder, legte ihn ins Bett, und nachdem sie noch eine Weile seinen Kopf in ihren liebevollen Händen gehalten hatte, drehte sie sich um, und ihre Schultern zuckten. Drüben im Nachbarhaus sang man Weihnachtslieder.

Nach den Weihnachtsferien herrschte noch viel Freude in seiner Schulklasse. Oh, was hatten die meisten nicht alles bekommen. Er stand abseits, um nichts davon zu hören. Er schämte sich seiner Armut. Doch wollte jemand etwas vom Weihnachtsmann erzählen, war es mit seiner Selbstbeherrschung aus. Das wußte er nun leider, so etwas gab es nicht. Sein Kinderherz war ganz abrupt um einen schönen Traum ärmer geworden. Er überlegte sogar, ob es sich mit dem Christkind und allem Drum und Dran nicht ähnlich verhielt, denn noch böser als die meisten in seiner Klasse war er ja nun auch wieder nicht.

Die Lehrerin sah lächelnd über die glücklichen Gesichter. „Na, Kinder, war der Weihnachtsmann fleißig?" Ein vielstimmiges „Ja!" war die Antwort. „So, na denn erzählt doch einmal, was ihr alles bekommen habt!"

Und was gab es nicht alles, was man so bekommen konnte. Er kam aus dem Staunen nicht heraus. Zuerst tat es auch wohl ein bißchen weh, doch dann hörte er neugierig zu und merkte zu spät, daß er nun mit Erzählen dran war.

„Na," ermunterte ihn die Lehrerin, „was hast du denn schönes bekommen?"

„Ich habe, ich habe ...," so setzte er an, aber anlügen mochte er seine Lehrerin auch nicht. Er hatte sich vorgenommen, auch von Pferden und Zinnsoldaten zu erzählen wie die anderen, aber sein hilfloses Gestammel ging in ein Weinen über, und die Kehle war ihm wie zugeschnürt. „Für drei Mark und fünfzig Stempelgeld gibt es nichts", hatte seine ältere Schwester gesagt, und diesen Satz brachte er schließlich stockend hervor. Er war zwar noch ein Kind, fürchtete aber doch am meisten das

Mitleid der Klasse. Er versuchte es und wollte Gleichgültigkeit heucheln. Aber er schaffte es nicht.

Dann stand Fräulein Görs, seine Lehrerin, bei ihm und ihre Stimme hatte noch nie so einen freundlichen Klang, solange man sich besinnen konnte. „Aber da hat der Weihnachtsmann ja etwas Schönes angerichtet. Dein Weihnachten hat er wohl aus Versehen bei mir abgegeben.“ Na – war denn das möglich? Er konnte es zunächst gar nicht fassen, und plötzlich sah er die ganze Welt doch wieder in einem andern Lichte. Selten ist wohl ein Kind glücklicher gewesen als er, wie er am Nachmittag bei seiner Lehrerin zwei große Tüten Gebäck und auch noch ein Märchenbuch vorfand. Seine Geschwister freuten sich mit ihm, und die Mutter las am Abend aus dem Buche vor. Dann sangen sie auch noch einige Weihnachtslieder, und wohl selten ist ein Lied mit so viel Freude gesungen worden.

„Oh du fröhliche, oh du selige, ...“ und es schallte hinaus über das Eis und über die Wiesen, über die Peene, wo drüben der Wald mit seinen schneebedeckten Kronen stand und wo der Weihnachtsmann wohnen sollte.

Diktat mit Hindernissen

Hin und wieder schrieben wir in der Schule ein Diktat. Unser Lehrer Gustav Rossow gab dazu die Diktathefte aus, die ansonsten im Klassenschrank aufbewahrt wurden. Wenn wir die nachgesehenen Hefte zurückbekamen, dann gab es ab vier Fehlern einen Schlag mit dem Rohrstock. Dazu mußte man sich tief bücken, und manche Lehrer stellten sich noch auf die Zehenspitzen und schlugen dann mit voller Wucht mit dem dünnen Rohrstock auf das verlängerte Rückgrat. Mit der Anzahl der Fehler steigerten sich auch die Schlaganteile. Aber es waren auch immer dieselben, die verhauen wurden, und der Erfolg blieb in allen Fällen aus, und das fiel keinem unserer Lehrer auf oder hätte ihnen zu denken gegeben.
Ich sah, daß mein Diktatheft voll war. Ja, was nun? Ein neues kostete einen Groschen, aber wer hatte so einfach einen Groschen dabei zu der damaligen Arbeitslosenzeit. Mir fiel ein, daß ich noch ein neues Heft zu Hause hatte, das ich als Geburtstagsgeschenk erhalten hatte. Gustav Rossow sah auf die Uhr, in einer Viertelstunde müsse ich wieder zurück sein, bestimmte er.
Natürlich sauste ich ja nun auch los, aber ich wohnte am anderen Ende der Stadt auf dem Klinkenberg, und der Klinkenberg war bis vor kurzer Zeit noch als Dorf selbstständig gewesen. Zwanzig Minuten brauchte man von der Schule bis nach Hause, schneller war das gar nicht zu schaffen. Außerdem waren dann die Hindernisse unterwegs noch nicht mit einkalkuliert. Zu beiden Seiten der Straße standen die abgestellten Pferdefuhrwerke dicht an dicht. Jeder Wagen von den umliegenden Landgütern war meistens mit vier Pferden bespannt, und die Gäule dösten nur so vor sich hin, wenn sie zur Ruhe kamen. Doch man mußte zwischen den Wagen beziehungsweise zwischen den Pferden durch. Und dann saßen da auch noch Hunde vor den Türen. An einem Hund einfach so vorbeizulaufen, das hatte ich noch nie gekonnt, und ich meine immer noch, die Tiere hätten sich mächtig über mich gewundert, wenn ich so einfach vorbeigelaufen wäre, ohne sie wenigstens einmal zu streicheln. Ein Gespräch, selbst wenn ich angesprochen wur-

de, war natürlich auch nicht drin. Am Bauerngehöft von Paul Albrecht vorbei, da hatte ich wieder andere Befürchtungen. Natürlich würde er fragen, wo ich jetzt herkäme, und er wollte immer alles ganz genau wissen. Oder er würde mich auch ganz einfach über die Mauer heben und auf einen Gaul setzen, und ich müßte den Mist feststampfen – und das immer im Kreis. Natürlich war das in meinem Fall zur Zeit nicht passend, und auch langatmige Erklärungen waren im Moment einfach nicht drin. Ich mußte also vorsichtshalber einen kleinen Umweg einkalkulieren. Alles ging glatt, und jetzt noch am Gehöft Fischer vorbei, und dort stand Lux auf dem Hof vor seiner Hütte, und er wollte schon bellen, bis er mich doch noch erkannte, und so verschob er sein Bellen auf später, denn es mußte ja gleich der Briefträger kommen. So sauste ich um den großen Stein an der Scheunenecke, und wie meistens saß Stromer, der alte Schäferhund von Bauer Schulz, vor dem Hoftor, nahm aber keine Notiz von mir, und ich wußte, dies war so seine Art, wenn der Bauer in der Nähe war, und dann interessierte ich ihn nicht weiter. Nun kam Haus und Stallung von Familie Witt, und die besaßen drei Pferde und etwas Pachtland und einen Fuhrbetrieb. Karl Witt stand vor dem Hoftor und hielt ein Pferd am Zügel. Er freute sich immer, wenn er mich sah und ganz besonders heute morgen. Er schnappte mich kurzerhand, und dann saß ich auch schon oben auf dem Gaul, er gab dem Braunen noch kurz einen mit der Peitsche, denn er dürfe nicht stehen, weil er Kolik habe, und ich sei wieder einmal ganz wie gerufen gekommen. Natürlich kam mir das ganze überhaupt nicht gelegen, und ich wollte etwas dazu sagen, aber Widerrede waren die Alten von uns nicht gewohnt. Hilfe für mich bot sich nicht an, und zum Beten war das ganze auch nicht direkt geeignet. So ritt ich also hoch zu Roß vor unser Haus und meine Mutter hätte wohl einen Ausweg gewußt, aber sie war nicht zu Hause. Vielleicht war sie hinten im Garten, aber mit dem Pferd kam ich da nicht hin. Zu allem Übel kam auch noch soeben Reinhold Meitzner aus den Peenewiesen. Der konnte um die Ecke sehen und war beständig voller Mißtrauen, besonders seit er eine Torfgrube gepachtet hatte, denn er bildete sich ein, jeder wolle ihm seine Fischreuse klauen. Zumindest würde er jetzt an der Schule vorbeigehen, in der sein Sohn in meiner Klasse hart lernte, während ich Flegel als ein froher Husar durch die Gegend ritt.

Für alles Mögliche hatte ich in der Schule schon meine Prügel bezogen. Aber hier kam etwas Entsetzliches auf mich zu, denn

dies hier war überhaupt nicht einzuordnen. Ich war verloren. An Selbstmord dachte ich nur ganz kurz. Gerade jetzt kam ein Schleppdampfer unten auf dem Fluß an unserem Haus vorbei. Ich zählte zwölf Kähne im Schlepp und die Peenebrücke war jetzt die ganze Zeit geöffnet. Alles mußte solange warten, um auf die andere Seite zu gelangen, und was hätte ich mich schön ausreden können, wenn auch ich über die Brücke gemußt hätte. Leider lag mein Elternhaus auf der falschen Seite, und so drehte ich denn weiter meine Runden auf und ab. Auch mein Roß hatte sich mit der Sache abgefunden, und mir blieb auch nichts weiter übrig.

Die ersten Kinder kamen inzwischen schon aus der Schule. Natürlich konnte ich meine Angst vor ihnen nicht zeigen, sondern ging, wie es so Kinderart ist, zudem noch zum Angriff über: „Ihr seid doch doof! Ich habe meine Zeit viel besser genutzt." Willi Brauer, mein Freund, war auch anfangs begeistert von meiner Tollkühnheit. Erst nachdem ich ihm die Sachlage näher erläutert hatte, begannen wir gemeinsam zu überlegen, was nun zu tun sei, um mich einigermaßen glücklich aus dieser mißlichen Lage zu befreien.

Ich versuchte es bei Karl Witt, weil er, wie es mir schien, an der Lage ja auch nicht ganz unbeteiligt war. Aber nein, das konnte er doch nicht wissen, und das hätte ich doch auch sagen müssen. Die Zukunft sah für mich also weiter recht düster aus. Unserm Vater konnte ich mit der Sache auch nicht kommen. Man müßte groß und vor allen Dingen stark sein, dachte ich. Stark, ja die stärksten Männer in unserem Ort, das waren Hanne Wutten, Hanni Frank – und da stutzte ich. War nicht Hanni Frank mein Freund? War er nicht der größte Wilddieb im Peenetal, und wußte ich nicht alles, was sich bei uns unten in den Wiesen tat, und hatte er nicht schon öfter versprochen, für mich da zu sein, wenn ich ihn brauchte? Auf einmal sah ich wieder Land und suchte Hanni Frank in der Stadt auf und erzählte ausführlich, wie es mir ergangen war. Er konnte sogar noch darüber lachen und sah natürlich alles anders. Kunststück, er mußte ja auch nicht mehr zur Schule gehen. Zufällig kam dann auch unser Lehrer die Straße entlang, und Hanni redete alsbald auf ihn ein, während ich mich abseits hielt und alles aus sicherer Entfernung verfolgte. Nein, zuhören wollte ich nicht, denn die Rechtslage war seiner Zeit nicht mit den Schwachen, und mein Gottvertrauen war schon allzuoft ins Wanken geraten.

Am nächsten Morgen staunte nicht nur ich, sondern die ganze Klasse, als unser Lehrer uns einen langen Vortrag hielt, um uns zu belehren, wie wir uns den Erwachsenen gegenüber zu verhalten hätten, ohne dabei als frech zu gelten.

Eine große Lehre für mein späteres Leben habe ich aus dieser gezogen und wußte fortan, was ein „starker" Freund von Nutzen ist; und nebenbei kann man ja dann auch immer noch auf Gott vertrauen.

Kleinbahn

Verreisen war schon immer mit Umständen verbunden. Die Postkutschenzeit gehörte aber inzwischen schon der Vergangenheit an, und die Möglichkeiten zu verreisen hatten sich enorm gebessert. Allerdings mußte man von den umliegenden Dörfern dazu erst einmal in die Stadt.
Die sicherste und zuverlässigste Verbindung dorthin war nach wie vor immer noch der morgendliche Milchwagen. Daran hatte sich immer noch nichts geändert. Aber in der Stadt hatte man jetzt die Wahl zwischen zwei Bahnhöfen. Von dem Bahnhof an der Demminer Straße gingen die Züge in Richtung Greifswald und in Gegenrichtung nach Demmin. Unten an der Peene befand sich der Friedländer Bahnhof, und von dort hatte man Verbindung über Groß-Toitin nach Friedland. Wem es gefiel, der konnte auch mit dem Dampfer nach Anklam oder Demmin fahren, denn die Ippen-Linie beförderte Frachten auf der Peene und auch Passagiere.
Wir Kinder erkannten die einzelnen Dampfer schon von weitem an den Aufbauten, und bei uns kamen regelmäßig „Otto Ippen 24“, „Ippen 21“ und „Otto Ippen 18“ vorbei, seltener auch schon mal „Ippen 17“. Die Ippen-Linie hatte auch bei uns auf Pfählen im Hafen einen eigenen Frachtschuppen und einen angestellten Verwalter. Zu unserer Zeit hieß dieser Engfer, war aber nicht mit „Pfeffer-Engfer“ oder „Athleten-Engfer“ aus der Brüderstraße verwandt. Hauptsächlich wurde der Betrieb auf der Peene von den Kahnschiffern bestimmt. Die langen Holzkähne hatten zwei oder drei hohe Segelmasten und segelten bei günstigem Wind in beiden Richtungen gemächlich dahin. In einzelnen Fällen wurde auch noch getreidelt. Mit einem Zugjoch über der Schulter ging jeweils ein Mann im Geschirr und zog mühselig wie ein Ochse den Kahn hinter sich her. Bei Flaute lagen die Kähne oft tagelang fest und warteten auf günstigen Wind, und die Kinder der Schiffer spielten mit uns, mußten aber immer in Rufnähe bleiben. Wenn dann plötzlich Wind aufkam, dann hatten wir Spielkameraden gehabt und konnten nur noch hinterherwinken.
Unsere Peenebrücke mußte eine Klappbrücke sein, weil die

Kähne mit ihren hohen Masten ja nicht unterdurch konnten. Sie tuteten dann als Signal für den Brückenwärter, was uns Kinder oft hellauf begeisterte, denn mitunter war das ganze von herrlichem Krach begleitet, und nur die Glocken vom nahen Kirchturm kamen dagegen an. Den durchfahrenden Schiffern hielt Brückenwärter Peters an einer langen Stange durchs Fenster einen Klingelbeutel hin. Das war so üblich wie in der Kirche auch. Nur im kirchlichen Klingelbeutel mußte von der Beute immer ein Anteil in Knöpfen vom baren Erlös abgezogen werden, Peters aber durfte, im Gegensatz zu den Dienern der Kirche, laut und gotteslästernd fluchen, wenn man ihm, was des öfteren geschah, einen durchgekauten Priem in den Beutel getan hatte.

Etwas später zu unserer Zeit kamen dann die Schleppdampfer auf, und die zogen manchmal auf einmal bis zu zehn Kähne und mehr in Richtung Anklam oder Demmin. So ganz die Segelei einstellen, das war für alle Kahnschiffer undenkbar, denn die Masten standen und die Segel wurden weiter in Ordnung gehalten.

Zwei Jarmener Schiffer, Rambow und Wollwage, machten sich von allem unabhängig und hatten bald schon kleinere, aber schnelle Motorschoner, die „Selene“ und „Pommerania“. „Nee“, sagten die alten Kahnschiffer, „so ein Krach, den die machen, das hat keine Zukunft“. Sie hätten beobachtet, wie Fuchs und Hase entsetzt das Weite gesucht haben, und Menschen wäre das doch noch viel weniger zuzumuten.

Unsere Kleinbahn nach Friedland war eine sogenannte Schmalspurbahn, und abgekürzt stand an den Waggons „M P S B“, das hieß „Mecklenburg-Pommersche-Schmalspurbahn“. Wir übersetzten das in: „Meine Personen sind besoffen“; das hatte sich eingeprägt und war für jeden und selbst für uns Kinder verständlich. Die Schienenspur war aber auch so schmal, daß viele heute im nachhinein glauben, einige beherzte Knaben hätten die Waggons umstoßen können.

Die Schienen führten entlang der Peenewiesen durch eine Landschaft voll solcher Schönheit, daß viele unserer alten Leute fest davon überzeugt waren, hier und nirgendwo anders muß einmal das Paradies der ersten Menschen aus der

Bibel gewesen sein. Man soll die Weisheiten der Alten nicht gering achten, und nachdem ich persönlich eine Menge der Welt gesehen habe und Vergleiche anstellen kann, da kann ich voll und ganz bestätigen und glaube inzwischen auch fest daran. Der Reisende hatte einen Blick über die Wiesen, über die Torfgruben auf den Fluß. Und einer der Schleppdampfer, „Karl" oder „Toni", begleitete sie eine Zeitlang. Wenige Meter neben den Schienen wälzten sich oft schwere Hechte im Schilf

oder in den Binsen der Torfgruben, die mit unvorstellbarem Fischreichtum gesegnet waren. Ja, und so ging es an der Windturbine vorbei bis Groß-Toitin, und dort konnten die ersten wieder aus- oder auch neue Reisende zusteigen. Was Fahrgeschwindigkeit betrifft, so war eben alles gemütlich, und Leute hatten einfach mehr Zeit, und natürlich war das Auf- und Abspringen während der Fahrt verboten, ebenso das Blumenpflücken. Warum sollte der Lokführer auch nicht noch einmal anhalten, wenn sich jemand verspätet hatte und noch angelaufen kam. Darüber lachte mein Onkel aus Berlin, und ich wußte nicht warum. Wegen der begrenzten Räumlichkeit in den Personenwagen waren natürlich auch keine Toiletten eingebaut, und sie wurden in den meisten Fällen wohl auch nicht vermißt. Die Bauersfrauen waren noch vorher auf den Eimer gegangen und die Männer auf den Mist. In Einzelfällen kam es aber auch schon mal zu Situationen, die nicht mit einkalkuliert werden konnten.

So saß Onkel Erich in einem Abteil, hatte es sich allein gemütlich gemacht und seinen Krückstock angehängt. Ja, ein Krückstock gehörte damals zum Ausgehanzug, und er wurde erst vor 1933 in der sogenannten Kampfzeit verboten, weil er als Schlagwaffe oft zweckentfremdet benutzt wurde und an der Schläfe des politischen Gegners ja auch nichts verloren hatte.

In Groß-Toitin stiegen ein Mann und eine Frau ins Nebenabteil zu. Nach einer Weile nahm Onkel Erich ganz ungewollt am Familienleben dieser Leute teil.

„Warum bist du nicht noch vorher an den Baum gegangen, du weißt doch, daß du eine schwache Blase hast“. – „Aber du hast doch auch gehört, daß der Zug schon vor dem Übergang über die Anklamer Chaussee geläutet hatte, und du hast es eilig gehabt, weil du nicht zugange gekommen bist.“ Doch jetzt nutzte das alles nichts, und Toiletten waren nun mal nicht vorhanden. Als letzten Ausweg, und Onkel Erich meinte auch, so oft er es später erzählte, es muß wirklich der letzte Ausweg gewesen sein, ließ der Mann das Abteilfenster runter und rettete so die Hose von seinem guten Anzug. Onkel Erich mochte ja später allerhand Zugeständnisse gelten lassen, aber für den Augenblick war er erst einmal Preuße und als solcher gegen alles, was gegen die Ordnung verstieß. Hier lag zweifelsohne ein grober Fall von Verschandelung der Natur vor, und auch den Kühen auf der Weide durfte kein negatives Bild geboten werden. Er packte also seinen Krückstock, lehnte sich aus seinem Abteilfenster und beendete mit einem kräftigen Hieb jeden weiteren Frevel an der Natur. Die Wirkung seiner Maßnahme soll eine augenblickliche gewesen sein. Erst nach einer Weile vernahm er dann von nebenan: „Du, Hedwig, ich glaube wir steigen an der nächsten Station ganz unauffällig aus, denn wenn ich mich nicht mächtig täusche, dann habe ich soeben einen der Telegraphenmasten umgerissen.“ Eventuell ein Witz von Onkel Erich? Nein, das kann ich mir nicht vorstellen, denn dazu war er ein Mensch von viel zu ernsthafter Natur.

Faulheit

Ich bin faul! Um aber ehrlich zu sein, mir selber war das bislang noch gar nicht aufgefallen. Bis ich dann meine zukünftige Schwiegermutter kennenlernte. Die hatte sofort den richtigen Durchblick und durchschaute mich sofort.

Ich hatte dagegen keinerlei Erfahrungen mit Schwiegermüttern und hielt alles, was ich darüber gehört und gelesen hatte, für ein Gerücht. In früher Jugend schon hatte ich Gänse gehütet und kannte mich daher mit Gänsen einigermaßen aus. Später hatte ich dann auch Erfahrungen mit Ochsen machen können. Aber es gibt viele, die im Kampf des Lebens ihren Mann stehen und trotzdem mit ihrer Schwiegermutter nicht zurechtkommen. Vielleicht hatte sie auch nicht ganz Unrecht, wenn sie meinte, man solle nach Möglichkeit alle Dinge selbst erledigen, und jede körperliche Betätigung wird nun einmal von einem Zuschauer mit Wohlgefallen betrachtet, und der Betreffende gilt als fleißig. Wenn dann auch noch wissenschaftlich bewiesen wird, daß körperliche Tätigkeit gesund erhält und als sportlich angesehen werden muß, nun, wer wollte noch etwas dagegen haben?

Wer nun beschlossen hat zu heiraten, der ist auch gezwungen zu denken. „In Zukunft ist die Mark dann nur noch die Hälfte wert!“ und ähnliche Sprüche wurden einem gut gemeint von allen Seiten zugetragen. Aber ich sei nebenbei auch noch ein Verschwender und als Schwiegersohn total ungeeignet, und meine zukünftige Frau solle noch rechtzeitig auf ihre Mutter hören. Spätere Stoßseufzer der Ehefrau oder auch des Ehegatten diesbezüglich hätten dann keine Bedeutung mehr.

Leichtsinnig und gedankenlos wollte aber auch ich nicht ein unbekanntes neues Leben beginnen. Also machte ich mir die Mähe und dachte einmal so richtig über mein bisheriges Leben nach. Es war nicht von der Hand zu weisen, hier und da hätte ich manchmal Geld einsparen können. Also beschloß ich, in Zukunft so manches selbst zu machen und dadurch, so ganz nebenbei, etwas für die Gesundheit zu tun.

Einige Tage darauf erhielt ich eine Ladung Holzstämme von einem mir bekannten Bauern. Meine neue Denkart wies mir so ganz plötzlich einen Weg, mit dem ich glatt fünfzehn Mark einsparen könnte. Zugegeben, es war nicht sehr viel, aber es war immerhin ein Anfang, und auch die damit verbundene körperliche Betätigung würde mir gut tun. Die Holzstämme kamen mit dem Pferdewagen gleich zur Säge, und das geschnittene Holz warf der Mann an der Säge dann gleich dem bestellten Fuhrmann auf den Wagen. Für fünfzehn Mark hätte der mir dann das Holz frei Haus auf den Hausboden geliefert. Doch hier bot sich nun für mich meine Bewährungsprobe. Stand die Säge nicht direkt am Bretterzaun zu meinem Wohngrundstück? Ja, das heißt nun nicht direkt, aber ganz ohne Umweg lag nur der Garten des Nachbarn dazwischen, und von dort mußte ich das Holz dann lediglich noch über den nächsten Zaun auf unser Grundstück werfen. Mit frischer Kraft und einem ganz neuen Selbstbewußtsein warf ich dann auch die Holzklötze olympiareif, wie es mir zunächst vorkam, über den ersten Zaun in den Garten meines Nachbarn. Ich hatte ihn nicht gefragt, aber was sollte er dagegen haben, denn es war Winter, und leichter Schnee bedeckte den Gartenboden. Willi Zell, der Fuhrmann, schaute mir eine Weile zu und wunderte sich, weil er ja noch nichts von meiner Wandlung zum sparsamen Ehemann wußte, und ich versprach, noch am Abend einen auszugeben – für den ihm entgangenen Fuhrlohn. Er sollte auch nicht annehmen, ich hätte etwas gegen ihn oder, was meinen Ruf stark schädigen würde, ich sei zahlungsunfähig. Nach einiger Zeit hatte ich dann aber das Gefühl, ich hätte mich beim Holzkauf übernommen, denn es war mehr Holz, als ich vermutet hatte, und mein sportlicher Elan hatte inzwischen stark gelitten. So ganz ohne Training sollte man sich nicht gleich so viel vornehmen. Das ganze mußte nun auch noch über den nächsten Zaun geworfen werden und war damit immer noch nicht auf dem Dachboden bei mir. Es wollte inzwischen schon dunkel werden, und mein Nachbar schaute verwundert über den Zaun. Ich machte schnell noch einen auf Schau mit der mir verbliebenen Kraft, denn es sollte einem Betrachter so vorkommen, als mache ich so etwas nebenbei zu meiner Belustigung. Nein, er hatte nichts dagegen, aber er hätte im Herbst sechs Stachelbeersträucher eingepflanzt, und die vermutete er nun

unter meinem Holz. Jeder Strauch hätte drei Mark gekostet, und er hatte die Befürchtung, daß sie meine Belastung wohl nicht überstanden hätten. Die Sachlage war klar zu meinen Ungunsten, ich zahlte pro Strauch fünf Mark, und wir schieden in Frieden und gutem Einverständnis.
Der Vollmond warf inzwischen sein bleiches Licht über die Schneegärten, und ich warf immer noch mit Holzklötzen. Natürlich war ich jetzt auch vorsichtig, Sträucher waren durch mich nicht mehr gefährdet. Dann war ich soweit gekommen, daß ich in einem großen alten Drahtkorb das Holz die Treppen hoch auf den Boden trug. Inzwischen mußte man mich andernorts vermißt haben, denn mein Freund Hans tauchte auf und zeigte natürlich überhaupt kein Verständnis für meine sportlichen Aktivitäten. Im letzten Moment fiel mir auch noch ein, daß er noch dämlicher von Natur aus war als ich und sich auch nicht mit Heiratsgedanken trug, und so versuchte ich erst gar nicht, ihm die Situation zu erläutern. Wie es mir gelungen ist, daß er dann doch noch half, hat er später einmal zugegeben. Es war mein Versprechen zu einem anständigen Besäufnis, denn seine Mutter hatte an diesem Abend Pellkartoffeln mit Hering serviert, und er hatte Durst und ich natürlich auch, aber nicht vom Salzhering.
In den Tagen darauf wurde es noch einmal für die winterlichen Verhältnisse angenehm warm, und alle freuten sich wie auch ich darüber und die Sonne schien auf die Pfannen des Dachbodens. Doch jetzt roch es auf einmal im ganzen Hause, obwohl sich die Toilette nach wie vor auf dem Hof befand. Einer verdächtigte den anderen, und man grüßte sich kaum noch, jeder hatte ein gutes Gewissen und hielt auf Sauberkeit. Inzwischen hätte ich den Sachverhalt erklären können, aber alle hatten nun ihre eigene Meinung, und da wollte ich aus Bescheidenheit als einer der jüngsten nicht vorlaut sein.
Die Goldeimer bzw. die Kübel des Toilettenhäuschens wurden nämlich im Garten geleert und eingegraben. In den Wintermonaten war es nichts mit dem Vergraben, und so hatten sich dann schon einige Hügel angesammelt, die leicht überfroren und verschneit auf den Frühling warteten. Auf einigen dieser Hügel hatte ich in augenblicklicher Unkenntnis Holz gewor-

fen. Außer Schnee hatte ich auch einen Teil der unteren Schichten erwischt und im gefrorenen Zustand geruchsfrei mit dem Holz auf den Boden befördert. Jetzt, bei Tauwetter, hatte sich etwas verändert – daher der penetrante Geruch. Ich war nun in unserer Gegend der einzige, der auf Frost wartete.
Wenn ich kleinlich alles nachgerechnet hätte, wäre so mancher, den ich kenne, mit dem Resultat nicht zufrieden gewesen. Aber ehrlich, ich war nur gezwungen, meiner Hose nachzutrauern, die ich am Drahtkorb zerrissen hatte und die nicht mehr zu reparieren war und weil es zu der Zeit noch recht umständlich war, eine neue zu ergattern.
Oft hat man mich schon gefragt, warum ich so viel lache. In diesem Falle behaupte ich dann für gewöhnlich, ich hätte mir selber einen Witz erzählt, den ich noch nicht kannte. Es wäre zu mühsam und in den meisten Fällen auch aussichtslos, seine Einstellung einem anderen begreiflich machen zu wollen, wenn einem im Leben eine Lehre erteilt wird. Es hängt davon ab, wie man das Leben sieht und was es uns sagen will!

Das erste Radio

Man kannte noch kein Radio, und man sah auch noch nicht fern, ein jeder sang sich selbst sein Lied und mancher pfiff auch gern.
Ja, so etwa oder so ähnlich würde vielleicht heute ein Dichter die damalige Zeit in Reimen schildern.
Alles was es so an Neuigkeiten gab, das betraf die Ereignisse in unserer Heimatstadt und was sich da sonst noch in der weiten Welt tat, da sollten andere Leute mit fertig werden.
In den meisten Familien mußte eine Schar Kinder versorgt werden, und nebenbei hatten alle Leute auch noch Vieh und einen Garten oder auch noch Ackerland. Von unsern alten Leuten gab es viele, die waren aus ihrem Heimatort überhaupt nicht herausgekommen, und obwohl die Ostsee nur zwanzig Kilometer entfernt war, hatten sie nie die Zeit gehabt, dort einmal hinzufahren.
Die alte Frau Brauer vom Klinkenberg, wurde sechsundneunzig Jahre alt. Ihre letzten Worte auf dem Sterbebett waren: „Alma, hast du auch die Hühner reingelassen?"
Zur Entspannung nach des Tages Mühe saß man an lauen Abenden noch gerne auf den Bänken vor den Häusern. Da wurde dann erzählt und auch gesungen und auf der Ziehharmonika gespielt, meist alte Volksweisen. Zur Maienzeit kam der Duft von den blühenden Obstbäumen hinzu. Da wurden die Herzen weit, und eine frohe Zufriedenheit kehrte überall ein. Bei so viel Fröhlichkeit meldeten sich dann auch unsere Frösche in den Torfgräben zu Wort, und ihr Chorgesang verstummte auch nicht, wenn sie uns Kinder in den Schlaf gesungen hatten.
Lautlos wie die Fledermäuse waren die Schleiereulen, und wenn sich eine Rohrdommel mit lauter und tiefer Stimme meldete, dann paßte das überhaupt nicht in den Abendfrieden, und deshalb protestierten dann auch meistens die zahlreichen Wildenten mit lautem Geschnatter. Hin und wieder meldete sich ein Käuzchen und rief sein „Komm mit, Komm mit!". Dann beeilten sich die älteren Frauen mit der Antwort: „Schieten, schieten!". So nahmen sie dem Kauzruf die eventuelle

Unglücksfolge. In regelmäßigen Abständen kam der alte Brasch mit seiner Drehorgel aus Gützkow, und dadurch behielten wir Jarmener Kontakt mit der Kunst. Wir Kinder liefen oft eine Weile mit, und staunten naturlich mächtig darüber, welche Fertigkeiten er mit seinem Drehen vollbrachte und wie viele Lieder er kannte. Bei uns in der Ecke spielte er: „Großer Gott, wir loben dich." Dann mußte unsere Mutter vor Rührung weinen, und Frau Reinke und Tante Minna sangen mit. Unter dem Fenster von den damaligen Flüchtlingen aus Westpreußen spielte er: „Wo die alten Eichen rauschen, immer noch dasselbe Lied, doch es ist ein anderes worden, seit ich aus der Heimat schied."

Es waren damals sehr schlechte Zeiten, und man mußte sich etwas einfallen lassen, um zu überleben.

Fritz Manthei wohnte mit seinen zahlreichen Kindern im Stadthaus. Gute Freunde borgten ihm ein Schifferklavier. Daß er nicht spielen konnte, war gar nicht wichtig. Die vorbeifahrenden Fuhrwerke machten mit ihren Eisenreifen auf dem Kopfsteinpflaster Lärm genug, und da merkte überhaupt keiner, ob er nun spielen konnte oder nicht. Auch den Text hatte er vergessen, und so fing er eben immer wieder von vorne an. Also sang er „es war einmal," und nach einer Weile eben wieder „es war einmal". Es soll aber nur von ganz wenigen Leuten bemerkt worden sein.

Ernst Steinfurt wollte ihn sogar gesanglich unterrichten. Dessen Lieblingslied war: „Es wird in hundert Jahren wieder so ein Frühling sein." Aber Fritz zeigte wohl zu wenig Begabung, und er gab seine Bemühungen wieder auf.

Mit Tante Liesbeth in der Wallstraße kam unsere Mutter ins Gespräch. Nach einer Weile vernahm man deutliche Klopftöne aus ihrer Wohnung. Aber Tante Liesbeth am Fenster nahm davon überhaupt keine Notiz. „Du," sagte unsere Mutter schließlich, „ich glaube, es hat bei dir geklopft." „Ne", erwiderte Tante Liesbeth darauf, „das ist ein Radio, und das haben unser Franz und unser Gustav gebastelt." „ Ach so," meinte unsere Mutter, und war genau so schlau wie vorher. Als dann aber auch noch eine Männerstimme aus dem Wohnzimmer laut vernehmlich sagte: „Berlin, Stettin, Königswusterhausen,"

da merkte unsere Mutter sofort, daß Tante Liesbeth Besuch hatte. Nein, das sei wieder das Radio, wurde ihr gesagt. Als fromme, gottesfürchtige Frau glaubte unsere Mutter ganz wenig an Gespenster, aber jetzt war sie doch reichlich verwirrt, und das ganze ging nun einmal über ihre Vorstellungskraft. Indem kam der alte Herr Baresel, der bei Tante Liesbeth zur Untermiete wohnte, an unserer Mutter vorbeigesaust, hatte etwas Irres in seinem Blick, nahm auch mit Tempo die Stufen zu seiner Dachkammer, bekreuzigte sich und murmelte laut vernehmlich: „Alle guten Geister loben Gott den Herrn!“

Es war einmal

Das wichtigste und auch am meisten benötigte Gewürz, das war nun schon immer das Salz. Man kann beim Salzhering anfangen bis hin zum Fleisch im Pökelfaß, ohne Salz lief nichts, und es gehörte lange Zeit zum wichtigsten Handelsgut. Es gab direkte Salzstraßen, auf denen man das kostbare Gut in die übrige Welt beförderte. Natürlich waren mit der Zeit noch andere kostbare Gewürze bekannt, aber die mußten in vielen Fällen meist mit Schiffen aus fernen Ländern geholt werden und waren deshalb für den normalen Verbraucher nicht bezahlbar.

Bei der Zuckergewinnung kannte man nur das Zuckerrohr, und somit war auch der Zucker ein Produkt aus fernen Sonnenländern. Aber um das Jahr achtzehnhundert herum gelang es dann einem Chemiker in Schlesien, aus einer Rübe vom Feld mit nachgewiesenem Zuckergehalt Rübenzucker zu erzeugen und zu gewinnen.

Auf unsern Böden in Vorpommern wuchsen diese Zuckerrüben auch besonders gut, und als man dann bei uns Zuckerfabriken baute, da stellten sich unsere Bauern und auch die Güter auf den Anbau von Zuckerrüben um, weil man sich einen guten Verdienst versprechen konnte.

Im Geschmack soll sich der Zucker aus den Rüben im Vergleich zum Zuckerrohr kaum unterschieden haben. Beide Sorten waren eben ganz einfach süß. Es gibt aber natürlich auch Berichte, daß Frauen in Ohnmacht fielen, wenn man ihnen sagte, daß sie soeben Zucker aus einer Rübe vom Feld mit Hochgenuß verzehrt hatten.

Hauptsächlich für den Transport der Rüben zur Fabrik und dann natürlich auch für die weiteren Erzeugnisse der Landwirtschaft entschloß man sich dann auch in unserer Gegend für den Bahnbau. Die Schmalspurbahnen, die als Privatbahnen bei uns zugelassen wurden, genügten ihrem Zweck im Peeneflachgelände.

Wenn dann im Herbst nach der Rübenernte die Schornsteine von unserer Zuckerfabrik kräftig rauchten, ein leicht süßlicher Geruch über unser Städchen schwebte und der Torfunterboden von unsern Bahndämmen unter der Last der vollbeladenen Rübenwaggons erzitterte, dann war Leben in unserer Industriestadt.

Im Zuckerkanal lagen die Frachtkähne, die den zunächst braunen Rohzucker nach Stettin in die Raffinerie beförderten. Die Arbeiter, die den Zucker in Säcken in die Kähne verluden, kamen jedes Jahr zur Rübenkampagne aus Thüringen nach Jarmen. Alle Arbeitslosen in unserm Städtchen hatten nun bis kurz vor Weihnachten ihren Verdienst, und die Kinder freuten sich nicht vergebens auf die weihnachtliche Bescherung. Auch unsere Geschäftsleute waren zufrieden, gingen am Sonntag mit Frack und Zylinder zum Gottesdienst und sangen voller Inbrunst und freudig das schöne Kirchenlied „Nun danket alle Gott!“.

Pfarrer Ristow stand auf der Kirchenkanzel und hielt mit seiner vollen Stimme die allseits bewunderten Predigten, und alle Gemeindemitglieder verließen zufrieden und geistig gestärkt den Gottesdienst.

Durch unsere Kleinbahnen hatten wir dann aber auch Personenzugverbindungen mit unseren Nachbarstädten, und für eine Mark und zwanzig Pfennigen konnte man in unsere Kreisstadt nach Demmin fahren. Da man aber auch recht viele Dörfer mit dem Verladegut durch die Bahn versorgen wollte, machte der Schienenweg ziemliche Umwege im Verhältnis zu den Landstraßen.

Jede Fahrt mit der Bahn war natürlich auch mit Erlebnissen verbunden, und es gab ja auch zu allen Zeiten Leute, die jedes Erlebnis für alle Zuhörer interessant berichten konnten. Im Heimatraum in Norddeutschland war von jeher sogenannter trockener Humor beliebt.

Fritz Witt vom Klinkenberg hatte sich in die weite Welt gewagt und war mit unserer Kleinbahn nach Demmin gefahren und am späten Nachmittag mit der letzten Bahn nach Jarmen zurückgekommen. So konnte er noch am selbigen Abend über seine Reiseerlebnisse berichten.

Gleich kurz vor der ersten Haltestelle in Eugenienberg hielt der Zug unvorhergesehen auf freier Strecke. Es stellte sich heraus, daß eine Kuh auf dem Gleis stand und somit natürlich alles zum Halten gebracht hatte. Der Lokheizer war dann aber auch schon, bewaffnet mit seinem Feuerhaken, unterwegs und brachte die Kuh auf Trab. Die weitere Reise verlief darauf zunächst planmäßig, und jeder genoß die herrliche Landschaft der bebauten Felder und unter anderem auch das wunderbare Heidenholz trotz der rasenden Geschwindigkeit des Zuges. Aber wie sich alle Reisenden dann schon zum Aussteigen kurz vor dem Endziel in Jarmen bereit hielten, stand der Zug noch einmal unvorhergesehen erneut auf freier Strecke. Der Heizer mußte wieder in Aktion treten, denn es stand wiederum eine Kuh auf dem Gleis. Der Heizer behauptete steif und fest, es sei dieselbe Kuh gewesen, die er zuvor auch in Eugenienberg kurz nach Demmin vom Gleis gejagt habe. Dieses Erlebnis, von Fritz Witt glaubwürdig berichtet, gab natürlich Anlaß für Gelächter. Aber unter den Zuhörern befand sich auch der Lokführer Schmuggerow. Der rief wutentbrannt: „Und datt lügst du!“

Der Klinkenberg

Onkel Erich, der Bruder unserer Mutter, wohnte in Utpadel, einem Dorf hinter Gützkow, und hatte dort einen Bauernhof. Man hatte ihm mächtig viel Geld für seinen Hof geboten, und da konnte er nicht widerstehen und hatte Haus und Hof verkauft, zumal seine Frau, unsere Tante Hedwig, mit der Rolle einer Bauersfrau, nicht zurecht kam.

Als kurz darauf alles Geld seinen Wert verlor, stürzten viele Menschen in bodenlose Tiefen und hatten so etwas ja nicht einmal im Traume ahnen können. Er mußte damit zufrieden sein, daß er eine Anstellung beim Torfstich in den Peenewiesen bekam; bei einer Torfgesellschaft, die sich „Tobra" nannte. Da seine Anwesenheit bei Tag und auch bei Nacht erforderlich war, bezog er eine Wohnung direkt am Torfmoor und an der Peene. Weil er alle Tiere und auch die Natur liebte, hatte er bald eine tiefe Zuneigung für seine neue Umgebung. Aber seine junge, lebenslustige Frau paßte nun auch wieder nicht in diese neue Umgebung.

Bei einem Vorkommnis ergab es sich, daß jemand, der als besonders stark galt, ihr scheinbar mit Wonne den nackten Hintern versohlte.

Aus der heutigen Sicht gesehen wäre das nun ein kriminelles Delikt gewesen, aber zu der damaligen Zeit mußte man selber über genügende Kräfte verfügen, damit man Rache nehmen konnte.

Onkel Erich war dem Übel körperlich nicht gewachsen, war in großer Not und überredete unsere Eltern, die dann mit einem Wohnungstausch einverstanden waren. Nun aber „wät den einen sien Uhl, dat is den annern sien Nachtigall". Man soll dem Schicksal ja auch nicht böse sein, wenn es einem vielleicht nur damit die Pforte ins Paradies öffnen will.

Vor dem Haus lagen die Moorwiesen, im Wasser der Torfgruben schillerten die Strahlen der Morgensonne und daneben auf der Peene zogen die Schiffe vorbei - zu der damaligen Zeit immer unter vollen Segeln.

Unsere kindlichen Herzen waren voll innerlicher Freude, wenn im zeitigen Frühling die Wiesen in gelber Pracht erstrahlten unter den Blüten der Sumpfdotterblumen. Die gelbe Pracht fand dann ihre Fortsetzung durch den blühenden Hahnenfuß und dem Blaßlila des Wiesenschaumkrautes.

Alle Häuser auf dem Klinkenberg waren damals noch mit Schilf gedeckt, und alle Gewässer waren voller Fische. Zu meinem fünften Geburtstag wünschte ich mir einen goldenen Angelhaken. In unserer Küche mußte unsere Mutter mir noch behilflich sein, wenn ich einen Wurm am Haken erneuern mußte, und mit jedem gefangenen Fisch an der Angel lief ich die paar Schritte nach Hause, wo unsere Mutter mir dann wieder behilflich sein konnte.

Die heilenden Kräfte der Natur und insbesondere auch von Sumpf und Moor hatte man damals noch nicht erkannt, und wir bekamen als Kinder am Abend noch oft Prügel, wenn wir total von Moor beschmiert nach Hause kamen.

In allen Gräben wimmelte es von unzähligen Fröschen, und das war bestimmt nicht der einzige Grund, weshalb unsere Störche immer wieder jedes Jahr in die Heimat zürückkehrten, um auf dem Scheunendach bei Wardius am Klinkenberg mit freudigem und lauten Klappern uns und die Heimat jedes Jahr im Frühling zu begrüßen.

An den lieblichen Maiabenden tollten wir Kinder draußen herum und hatten viel Spaß an den zahlreichen Geräuschen aus dem Moor, an den Fledermäusen und den lautlos dahingleitenden Schleiereulen. Die Eulen nisteten in der alten Scheune von Bauer Schulz am Klinkenberger Friedhof. Manchmal meldete sich auch ein Waldkauz mit seinem „komm mit, komm mit!", wie es ein jeder deutlich verstehen konnte. Die meist älteren Frauen vergaßen dann nicht zu antworten mit „schieten, schieten!", denn der Nachtkauz war ja bekanntlich der Totenvogel, und man kannte sich mit diesen Dingen aus. Des öfteren, in dunklen Nächten, zuckten bläuliche Flämmchen über dem Moor.

Die Alten wußten, das waren sogenannte Irrlichter, und das waren die Seelen der einst im Moor ertrunkenen Menschen. Fast alle von den älteren Leuten hatten ihre persönlichen Spukerlebnisse Ich habe viel von den Erzählungen in der Erinnerung behalten und bin noch bis zum heutigen Tag von der

Wahrheit überzeugt. In dunklen Stallungen hat man nun einmal ein ungutes Gefühl, wenn sich dort schon einige erhängt hatten und dort nun umgingen, wovon jeder überzeugt war. Es gab auch Leute, die schweren Herzens ihren Hund weggaben, wenn der laute, sich jämmerlich anhörende Töne von sich gab. Man wußte nun auch nach alten Überlieferungen, daß er mit seinem Klagegeheul den Tod eines Bekannten in naher Zukunft ankündete. Ich aber hatte herausgefunden, daß die Hunde heulten, wenn drüben über dem Fluß, im nahen Gützkow, die Kirchenglocken geläutet wurden. Aber das war unglaubwürdig, weil außer einigen Hunden das ja niemand hörte, und die meisten Leute hatten eben auch ihre Erfahrungen. Mit den Hunden und Katzen vom Klinkenberg verband mich eine innige Freundschaft, und obwohl damals zahlreiche Angler aus den Wiesen über den Klinkenberg mit ihren Fängen nach Hause gingen, warteten doch alle Katzen nur immer auf mich. Für jede Katze brachte ich immer einen artgerechten Fisch mit. Alle damaligen Hunde im Ort und Umgebung habe ich noch in Erinnerung und kenne auch noch ihre Namen. Sooft ich später noch mit Hunden zu tun hatte, empfand ich es als Beleidigung, wenn sie mich scheinbar nicht für voll nahmen und haben mich niemals gebissen.

Ostern 1929, bei uns daheim

Es sollte Leute geben, die wären abergläubisch. Auch bei uns in Jarmen hatte man natürlich schon allerhand darüber gehört. Aber zum Glück hatten wir da nichts mit zu tun. Unsere Bauern machten auch einmal im Jahr ihre drei Kreuze mit Kreide an die Stalltüren. Aber das hatten ihre Väter und auch schon deren Väter immer so gehalten, und alte Sitten wurden natürlich übernommen, und es war nachweislich noch nie von Schaden gewesen.

Ein Angler ging selbstverständlich wieder nach Hause, wenn ihm im Morgengrauen als erstes eine alte Frau über den Weg lief.

Manche bezogen das auch auf schwarze Katzen, aber das hatte dann schon wieder etwas mit Aberglauben zu tun gehabt. Doch das mit den alten Frauen war auch in den Jägerkreisen bekannt. Einem Kranken brachte man keine weißen Blumen oder man rächte sich für etwas und wollte ihm bewußt Schaden zufügen.

Solch alte Überlieferungen gab es eine Menge, und sie wurden in den meisten Fällen genau beachtet.

In der Osterzeit legten die Hühner meist am besten im ganzen Jahr. Wer nun selbst keine Hühner halten konnte, der kaufte die Eier überall für fünf Pfennige das Stück. Bei den Tagelöhnern von den umliegenden Gütern war das Geld oft so knapp, daß sie für eine Rolle Nähgarn im Wert von fünf Pfennigen statt dessen drei oder vier Eier auf den Ladentisch legten. Als Ostereier wurden die Hühnereier meist grün, gelb oder auch rot gefärbt. Schön grün wurden sie in Verbindung mit grüner Saat, Gelb durch Zwiebelschalen und die rote Färbung erreichte unsere Mutter mit Roter Beete.

Gesundheitliche Schäden, wie es heute bei den Färbereien schon vorgekommen sein soll, waren damals vollkommen unbekannt.

Die Eltern erinnerten sich, wie sie als Kinder mit ihren Eltern gefeiert hatten. Mutters Vater, also unser Großvater, hatte jeden Ostermorgen Osterwasser aus einer Quelle geholt, und alle wurden damit gewaschen - es sollte das ganze Jahr Glück

gebracht haben. Eine wunderbare Quelle mit glasklarem Wasser gab es in Jarmen gleich hinter dem Schützenplatz, und es gehörte zu unserm Revier, wo wir Jungens oft herumtobten. Allerdings mußte das Wasser noch vor Sonnenaufgang geschöpft werden, und man durfte auch vor Sonnenaufgang kein Wort sprechen. Um unserer Mutter eine Osterfreude zu bereiten, beschloß ich, den alten Brauch fortzusetzen, und ich sah bei näherer Überlegung auch nichts, was dabei hinderlich werden könnte. Allerdings kein Wort zu sprechen, das war bei weitem das Schwierigste bei dem Unternehmen. Den nächsten Weg, der durch den Ort führte, durfte ich natürlich nicht benutzen. Es war zu der Zeit der großen Arbeitslosigkeit, und viele Angler waren schon im Morgengrauen unterwegs. Wenn ich mich so ohne einen Gruß vorbeigeschlichen hätte, so würden sie sich mächtig gewundert haben.
Auf meinen eingeplanten Schleichwegen würde ich viele Hofhunde rebellisch machen, und mit ein paar Worten hätte ich sie schnell wieder beruhigen können. Aber was ist bekanntlich schon ganz ohne jedes Hindernis auf dieser Welt, und nachdem ich pünktlich um vier Uhr in der Frühe erwacht war, schlich ich mich mit einem Wassereimer aus dem Haus. Unten aus den Wiesen, vom Fluß und den Torfgruben und Gräben drangen wie immer Geräusche zu uns herauf, und es waren immer unterschiedliche, entsprechend der Tages- oder Nachtzeit. Jetzt, im Morgengrauen, war der Chor der Frösche verstummt, bis auf vereinzelte Solosänger. Das Geschnatter der Wildenten klang ärgerlich, und ich schloß daraus, daß schon Angler oder unsere Flußfischer unterwegs waren. Motorengeräusche von Bbooten waren noch weitgehend unbekannt, und man mußte schon rudern oder konnte bei günstigem Wind auch segeln, wenn man mit dem Boot unterwegs war.
Konnte man zwei Ruderer unterscheiden und hüstelte der eine davon des öfteren, dann war es der alte Fischer Kadow mit seinem Sohn Fritz. Wenn es sich aber gleich um zwei Boote handelte, dann waren die Gebrüder Lorenz unterwegs. Da ich mich als Junge schon mit allen Gepflogenheiten auskannte, erreichte ich auf meinen Schleichwegen auch glücklich meine Quelle, und nur eine Elster fühlte sich zu so früher Stunde

gestört und schimpfte sichtlich verärgert.

Bei uns zu Hause schliefen noch alle, und auch die Sonne hatte sich noch nicht die Mühe gemacht aufzugehen. Ich fand die Schiefertafel meiner jüngeren Schwester und schrieb darauf, was es mit dem Wasser im Eimer mitten in der Küche besonderes auf sich hätte. Durch die Wiese ging ich dann hinunter zum Fluß, setzte mich ins Boot und ruderte hinaus auf den Strom und freute mich nun am Aufgang der Ostersonne, die jetzt als roter Ball am Horizont sichtbar wurde. Am Ufer blühten schon vereinzelt Sumpfdotterblumen und leuchtendgelber Hahnenfuß. Als dann auch die ersten Lerchen am Himmel trällerten, die Kiebitze über Wiesen und Moor im Flug dahinschossen und die üblichen Morgengesänge unserer Nachbarin mein Ohr erreichten und auch wie immer ihr Schwein im Stall mit einstimmte, zog feierlicher Friede bei mir ein, und auch die Glocken vom nahen Kirchturm trugen bei zu meiner feierlichen, fröhlichen Osterstimmung.

Erinnerungen eines alten Jarmeners

Unsere Peene, die auch heute noch so ganz geruhsam durch die Peenewiesen fließt, war in unserer Kinderzeit für die Transportschiffahrt von großer Bedeutung. Im Jarmener Hafen lagen die zahlreichen Frachtkähne dicht gedrängt, und ihre hohen Segelmasten belebten weithin sichtbar das Hafenbild.

Wie unsere damaligen Windmühlen vor der Stadt so waren auch die Frachtkähne auf günstigen Segelwind angewiesen. So herrschte dann oft ein reger Verkehr auf unserm Fluß, und wenn die vom Wind getriebenen Schiffe lautlos durch die blühenden Moorwiesen glitten, dann grub sich dieses imposante Bild für alle Zeiten in die Herzen der Betrachter ein.

Wenn die Eltern der Kinder am Fluß nicht immer die zahlreichen Wünsche ihrer Kinder erfüllen konnten, dann hörte man oft die gebräuchliche Ausrede, sie müßten warten, bis das große Schiff mit Geld käme. Das sahen die Kinder ein und beobachteten eben weiterhin wie gehabt den Schiffsverkehr auf der Peene. Die mit Dampf betriebenen Dampfer der „Otto Ippenlinie" aus Anklam verkehrten regelmäßig bis Demmin und zurück, und man konnte die Dampfer an ihren Aufbauten schon von weitem erkennen und kannte ihre Bootsnummer. Einige Kahnschiffer, denen das Warten auf günstigen Wind oft zu lange dauerte oder wenn sie pünktlich Fracht zu befördern hatten, die konnten dann auch die Dienste der beiden Schleppdampfer in Anspruch nehmen. Die beiden bei uns in unserm Raum tätigen Schleppdampfer hießen „Karl" und „Toni", und sie hatten oft bis zu zwölf Kähne im Schlepp. Unsere Klappbrücke war dann des öfteren eben längere Zeit gesperrt für den Straßenverkehr, und es bildeten sich manchmal lange Wagenkolonnen, und Autos waren ja noch selten. Von den Pferden sollen sich, so weit bekannt war, keine über die Wartezeit aufgeregt haben. Aber auch den Fortschritt in unserer Welt konnte man auf unserm Fluß nicht aufhalten. Von den Kahnseglern mit Argwohn betrachtet, hatten unsere Jarmener Schiffer, Rambow und Wolwage, dann je schon ein Motorboot. Die hatten mit ihren Booten nun nicht den großen

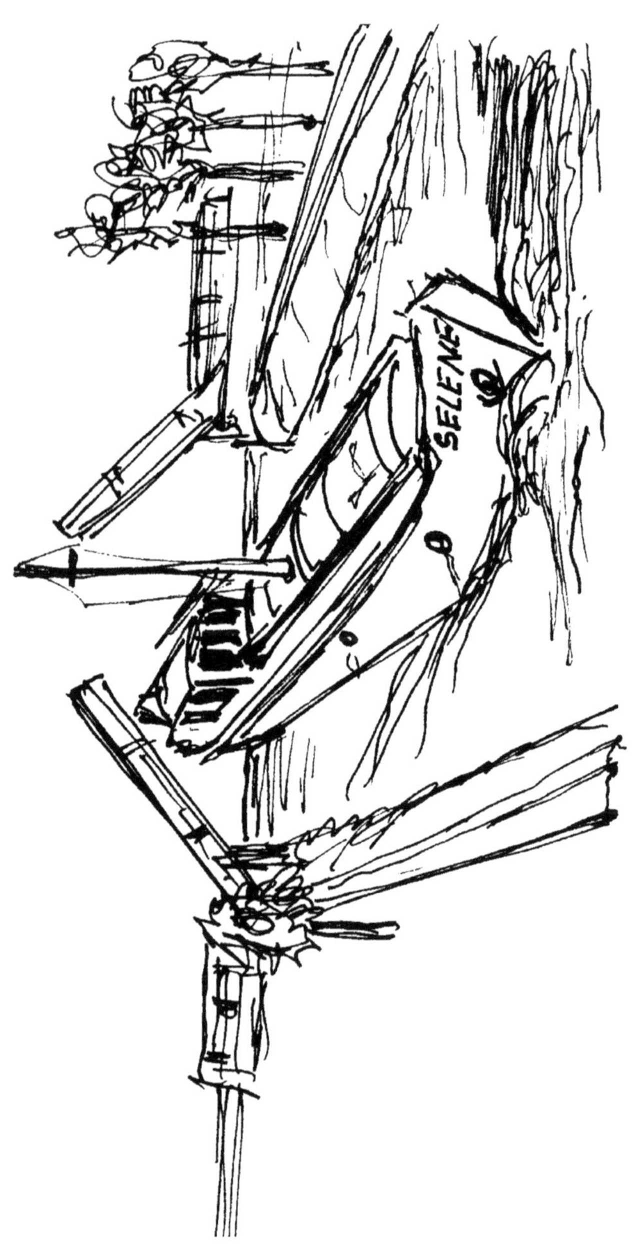
SELENE

Frachtraum, den die Kähne besaßen, aber Dank ihrer Motoren waren sie flink und nicht mehr auf den passenden Segelwind angewiesen. Sie hießen „Selene" und „Pommerania" und unterschieden sich für einen Betrachter weder in ihrer Größe noch in ihrem Farbanstrich. Ihre Dieselmotoren waren zu Anfang natürlich störend für unsere verträumte Welt, und der Dieselmotor von Schiffer Rambow war eine Idee lauter, und deshalb konnte man die beiden Boote erkennen, wenn sie sich dem Heimathafen näherten. Die meisten Schiffer, die regelmäßig unsern Ort anliefen, kamen aus der Ückermünder Gegend. Man konnte oft den Ortsnamen Eggesin und auch Mönkebude an ihren Kähnen lesen.

Obwohl auch wir zu der damaligen Zeit nur unser Platt sprachen, hatten sie von dort noch ihren eigenen Dialekt. Das war natürlich für uns Jungen eine Fremdsprache, und wir wunderten uns auch später noch des öfteren, daß wir in Jarmen so gar keinen Dialekt hatten.

Einiges habe ich von der für uns fremden Sprache oder Sprechweise noch im Gehör. So sagte ein Schiffer zum andern im Nebenkahn: „In Jarmen dor givt dat sone Arften, dei kann man koken, dei kann man eten, dei kann man scheten und denn kann man sei werrer koken und denn kann man sei werrer eten und denn kann man sei werrer scheten." Mir sind natürlich noch einige Unterhaltungen der Schiffer im Gedächtnis haften geblieben, aber hier ging es um die Abweichung von unserer Sprechweise.

Das Wasser unserer Peene war damals glasklar, und man konnte mehrere Meter tief die Fische beobachten, und unser Fluß und auch unsere Torfgruben waren überreich an Fischen aller Art. Unsere vier Fischerfamilien hatten wenig Mühe, genug Fische zu fangen. Der Verkauf aber war schwierig, denn im Lande war eine große Geldknappheit infolge der Arbeitslosigkeit. Zahlreiche arbeitslose Angler säumten die Fluß und Grubenufer, und daheim die Frauen hatten gegen Mittag schon die ausgelassene Margarine in der Pfanne. Ganz ohne Fang kam selbst der Dümmste nicht nach Hause, und so gab es eben immer Fisch, und niemand brauchte Hunger zu leiden.

Erinnerungen

Wenn morgens am Sonntag die Glocken unserer heimatlichen Kirche zur Andacht riefen, dann klang ihr Ton besonders feierlich über die sonst so geruhsamen stillen Peenewiesen. Unsere Mutter fühlte sich vom lieben Gott direkt angerufen, und ihre jetzt gefalteten Hände ruhten zu einem stillen Gebet. Vom Klinkenberg aus gab es einen verkürzten Weg zur Kirche. Man mußte durch die Krügersche Gärtnerei gehen und erreichte dann, auf dem Kirchplatz angekommen, oft noch die Seitentür der Kirche, bevor die Glocken verstummten und mit einem Gesang der Gemeinde der Gottesdienst begann.
Wenn unsere Mutter meinte, sie müßte unbedingt einmal wieder etwas für ihr Seelenheil tun, dann ließ sie alle ihre Arbeit ruhen und folgte dem Ruf der Glocken und eilte noch schnell durch den Gartensteg zur Kirche. War ich zufällig noch in ihrer Reichweite und nicht wie üblich schon in den Wiesen, und wenn meine Sonntagstracht noch halbwegs sauber war, dann mußte ich mit in den Gottesdienst.
Von den dort gesungenen Kirchenliedern kannte ich viele auswendig vom Kindergarten her und auch aus dem Religionsunterricht in der Schule. Doch wie allgemein üblich waren von vielen bekannten Liedern eigene und bei uns Kindern gebräuchliche Reime im Umlauf.
Meine Mutter sang unter anderem einmal richtig innig und von ganzem Herzen „nun ruhen alle Wälder“, und ich sang automatisch den uns Kindern geläufigen Reim „und Ernst von Heidens Felder“.
Nein, daß ich besonders schön singen konnte habe ich nie behauptet, aber ich hatte eine kräftige und laute Stimme, und im Schulzeugnis hatte ich wohl deshalb im Singen immer eine gute Note.
Von den Kirchenbesuchern in den Sitzreihen vor uns drehten sich nach meiner Einlage einige um, und einige ältere Frauen waren wohl sogar empört, andere schienen belustigt, wenn ich es noch richtig in Erinnerung habe.
Meine Mutter aber bekam einen roten Kopf und versprach mir noch in der Kirche eine gehörige Tracht Prügel. Aber von

Versprechungen habe ich schon damals nicht viel gehalten. Es war auch manchmal zu viel, was uns gerade auf diesem Gebiet alles versprochen wurde.
Ernst von Heiden war der damalige Gutsbesitzer von Breechen, und das Dorf lag uns Jarmenern von den benachbarten Orten am nächsten, gleich auf der anderen Peeneseite.
Das Gut Breechen wurde, wie viele andere Güter, aufgeteilt. Es wurde an mehrere Bauern, sogenannte Siedler, vergeben.
Wir Kinder aus Jarmen konnten nun ungehindert den ehemaligen Park des Gutsbesitzers betreten, und wir staunten über den Goldfischteich und über die prachtvoll angelegten Rosengänge und über viele Dinge, die wir bislang nur aus den Märchenbüchern kannten.
Abseits in der ehemaligen und jetzt leerstehenden Schnitterkaserne staunten wir, wie primitiv die meist polnischen Saisonarbeiter leben mußten, obwohl wir zu der damaligen Zeit auch nicht gerade verwöhnt waren.
Auf dem Standplatz der ehemaligen.Schnitterkaserne wurde ein Siedlerhaus gebaut, und man begann auch eine Scheune daneben zu errichten. Nicht sehr tief unter der Erde stieß man auf menschliche Skelette, und Maurerpolier Sohn aus Jarmen sah sich genötigt, diesen Fund zu melden. Amtlich wurde der Fund registriert, und man sprach bei den Toten von vier Männern und drei Frauen. Die Todesursache waren eingeschlagene Schädelknochen.
Natürlich wurden nun allerhand Vermutungen geäußert, und ich als Junge wußte ganz genau, daß den Toten jeweils ein Balken aus der primitiven Unterkunft auf den Kopf gefallen sein mußte, denn sie waren doch jeden Sonntag zum Gottesdienst in ihre Kapelle nach Gützkow gegangen, und so viel wußte ich ganz genau, daß fromme Menschen niemanden aus schnöder Gewinnsucht umbringen.
Vorne am Anfang des Dorfes Breechen lagen damals die beiden Katenhäuser noch in gleicher Höhe mit der Dorfstraße, denn die Straße wurde erst Anfang der dreißiger Jahre angehoben.
Auf einer Bank vor dem zweiten Haus saß meistens die alte Frau Grave. So wie alle älteren Leute erzählte sie gerne von

früheren Zeiten. Die alte Frau Grave kannte alle alteingesessen Familien in Jarmen und Umgebung. Sie sprach von den Sattlermeistern, die des öfteren persönlich auf die Höfe kamen und das Sattelgeschirr überprüften und auch von den Schmiedemeistern, die nach den Hufen kranker Pferde sahen.
Daher kannte sie auch meinen Großvater, der Schmiedemeister war und die ganze Verwandschaft meiner Großmutter, und ich wurde so allerhand gewahr, was sonst in die Vergangenheit entschwunden war.
Auf Breecher Seite hatte man einst zwei Wasserleichen aus der Peene bei der Eisenbahnbrücke geborgen. Es handelte sich um einen Mann und eine Frau aus Demmin, Selbstmorde waren zu der Zeit der fürchterlichen Arbeitslosigkeit keine Seltenheit. Sie hatten sich mit einem Strick zusammengebunden und wurden auf dem außerhalb liegenden Friedhof in Breechen beerdigt, allerdings nicht auf dem geweihten Friedhof, weil Selbstmorde unter die Kapitalsünden fielen. Nun wollte ich längere Zeit wissen, ob Gott am Jüngsten Tag auch die erwecken würde, die außerhalb des Friedhofs begraben wurden. Aber das waren eben nicht die einzigen Fragen eines neugierigen Jungen, und ich galt dann allgemein als altklug, wenn man meine Fragen nicht beantworten konnte.
Im Frühjahr gingen wir schon etwas größeren Kinder nach Breechen zum Verziehen der Zuckerrübenpflanzen und verdienten uns dabei am Tage eine Mark und fünfzig Pfennige. Wir bekamen Mittagessen und Brote nachmittags zur Kaffeezeit. Ich weiß heute noch, was es bei den einzelnen Bauern zu essen gab, und wie es geschmeckt hat.
Im ehemaligen Herrenhaus war die eingebaute Wasserleitung noch intakt, und eine Maschinenanlage sorgte für fließend Wasser. Sonst waren eben nur Handpumpen bei uns üblich.
Beim Mittagessen, im ehemaligen Herrenhaus, hatte ich gerade einen Teller mit Eintopf vor mir stehen, als ich ganz plötzlich ein menschliches Rühren verspurte. Ich fragte nach der Toilette, die ich natürlich wie üblich irgendwo auf dem Hof oder bestenfalls im Stall vermutete. „Auf dem Flur und dann die zweite Tür rechts“, wurde mir gesagt. Der angegebene Raum war hell gekachelt und sauber und freundlich anzuse-

hen. Das, was hier nun eine Toilette sein sollte, war so ganz anders als ich es in meinem ganzen Leben bislang gewohnt war. Ganz verstört eilte ich wieder hinaus und hoffte in meiner Not noch draußen ein Gebüsch zu erreichen. Aber die Türen zum Hof waren alle verschlossen, und es siegte dann doch noch meine Frechheit. Ich eilte zurück in den nicht verschlossenen Raum und gedachte dort vielleicht einen Eimer vorzufinden. Aber in der Mitte im Raum stand einzig nur der wunderbare Porzellantopf. Von allen Streichen, die ich bislang verübt hatte, war dies der gewagteste, als ich mich auf den schönen Porzellantopf setzte, und es war mir selber unheimlich. An der einen Seite hing auch noch eine Kette mit einem Griff daran, und ich las, wo mir alles nun egal war, das Wort „Ziehen!". Das machte mir auch nichts mehr aus, und ich zog, inmitten meiner Tätigkeit, an dieser Kette. Der Erfolg übertraf alle meine Erwartungen, und mein Erschrecken war mächtig groß. Voller Entsetzen stürmte ich aus dem Raum und erreichte die Diele, und die ausgestopften Raubvögel, die dort damals noch hingen, schauten voller Schadenfreude auf mich herab. Mich irritierte aber nun ein laut vernehmbares Rauschen aus dem von mir verlassenen Raum, in dem ich bestimmt Furchtbares angerichtet hatte. Vielleicht konnte ich wieder etwas gutmachen. Schnell sauste ich deshalb noch einmal zurück und zog, diesmal mit voller Kraft, an der verhängnisvollen Kette. Doch

nun hatte ich allen Grund, vollkommen verzweifelt zu sein, denn die Kette riß oben ab, und ich glaubte mich nur durch eine schnelle Flucht retten zu können.
Mein Teller mit dem Eintopf in der Küche war mir nach dem angerichteten Frevel auch nicht bekömmlich. Unsere Schar aber hatte nun inzwischen ihr Mittagessen verspeist, und ich zog mit ihnen wieder hinaus aufs Feld. Die Frechheit bei mir besiegte wieder das schlechte Gewissen, und ich glaubte, ich gab mich ganz locker und machte auf die fröhliche Art. Aber wie würde es weitergehen und kam nun nicht jeden Augenblick jemand vom Hof mit einer Schreckensnachricht? Die Stunden vergingen, die Bauersfrau kam jetzt zur Kaffeezeit mit belegten Broten, und wir lagerten, wie auch an den anderen Tagen, unter den blühenden Rotdornbäumen.
Die Frau war auch jetzt genau so freundlich wie sonst, und von irgendwelcher Panik zeigte sich keine Spur. Wie ich dann auch noch hörte, wie sie in ihrem westfälischen Platt ihrem Mann lachend berichtete, daß auf der Toilette ein besonders starker Junge wohl sogar die Kette abgerissen hätte und ihr Mann dazu lachte, da sah die Welt für micn doch wieder bedeutend heller aus. Es gab eben auch in unserer Jugend Augenblicke, wo man so richtig von Herzen froh sein konnte.
Zu Hause bot sich zum Glück auch wieder das altgewohnte und vertraute Bild, wo uns die Fliegen auf der Toilette im Holzhaus am Mist begrüßten und alles so vertraut und heimatlich duftete.
Wir Bewohner am Fluß und aus dem Torfmoor waren mit aller Art von Gewässern vertraut. Aber ich meine, und man wird mir da auch zustimmen müssen, es gibt eben auch Situationen, wo das Wasser selbst am Allerwertesten, nichts zu suchen hat.

Wenn dat man wohr is, seggt Kasper Schmidt taun Preister

Manche Redensart geistert herum, und keiner weiß am Ende noch, wie diese zum Teil „heiligen“ Sprüche einmal entstanden sind. Wenn zu unserer Zeit ein alter Jarmener das Gefühl hatte, daß man ihn belügen wollte, dann hörte man ihn, natürlich auf Platt, sagen: „Na, wennt man wohr is?“ Einer von den Alten fügte dann mit Bestimmtheit hinzu: „Seggt Kasper Schmidt taun Preister!“ Wie überall in deutschen Landen, kam auch bei uns in Jarmen der Name Schmidt mehrmals vor. Die Schmidts hatten deshalb alle einen Beinamen.

Da gab es einen Schäfer-Schmidt, einen Esel-Schmidt und wir auf dem Klinkenberg, hatten einen Kasper Schmidt.

Unser Kasper Schmidt galt überall als Spaßmacher, und wo er nur auftauchte, da kehrte bald Frohsinn ein, und man hörte die Leute lachen. Menschen, denen es gelingt, Frohsinn und Freude zu verbreiten, sind in der Regel beliebter als Schwarzseher und Miesepeter.

Eine bedeutende Rolle in unserm menschlichen Dasein spielt nun mal das Wasser. Nicht allein als Waschwasser, sondern auch als Trinkwasser erfrischt es den müden Wanderer, und genau wie Kenner wissen, wo das Bier am besten schmeckt, so hatte jede Wasserpumpe im Ort ihren Ruf - entweder als gutes Trinkwasser

oder als besonders weiches Waschwasser. Wie aber nun schon zu allen Zeiten, gab es immer Leute, die etwas gegen Wasser in jeder Form und Anwendung hatten.

Dazu kam noch, daß man in schlauen Büchern lesen konnte, wie oft so ein Wasserbrunnen für Krankheiten verantwortlich sei. Als vorsichtiger Mensch hatte unser Kasper deshalb für den größten Durst immer eine Flasche „Tarragoner“ zur Hand oder besser gesagt in seiner Jackentasche.

Wenn man nun ehrlich ist, dann muß man zugeben, daß Wassertrinker wohl als tugendsam gelten, aber Kühe und Pferde trinken auch jede Menge Wasser und ernten überhaupt keine Anerkennung. Hat sich aber nun jemand am Wein gelabt, dann darf er singen, seinem Nachbarn die Wahrheit sagen und auch

noch zu Hause seine Frau verprügeln. Der Nachsicht und des Verständnisses seiner Mitmenschen kann er gewiß sein.
Zu jener Zeit hatten wir in Jarmen zwei Pastoren. Der eine hieß Stellmacher, der andere war Pastor Schulz. Geborene Jarmener waren das nun nicht, und mit unsern Wasserpumpen kannten sie sich deshalb auch nicht aus. Pastor Schulz war der vorsichtigere von den beiden und stillte deshalb seinen Durst lieber im Rattenkrug. Mit Rattenkrug bezeichnete man in Jarmen das alte Jugendheim, es stand an der Ecke der Peenestraße zur Wallstraße, und zu seiner Zeit verfügten die Inhaber auch noch über einen Ausschank.
Die Pastoren bezeichnet man ja auch als Geistliche. Ihre Tätigkeit ist von geistiger Art, und wenn so einer dann noch geistige Getränke zu sich nimmt, dann kann es auch schon mal zu viel werden mit allem Geistigen. Auf jeden Fall, wenn da denn auf dem Heimweg noch frische Luft dabei kam, dann mußte er sich zur Vorsicht schon mal an der Steinmauer des Kirchplatzes abstützen. Es ist auch nicht weiter verwunderlich, daß er in der Dunkelheit stolperte und dann ziemlich hilflos am Boden lag.
Als kleiner Knabe kam ich einmal darauf zu, wie vier ältere Jungens selbstlos bemüht waren, ihn wieder auf die Füße zu bekommen.
Zu der damaligen Zeit wurden noch überwiegend alte Hausrezepte in Anwendung gebracht, und im vorliegenden Fall benötigte man zunächst einen Eimer mit kaltem Wasser. Weil sie aber nun beides nicht zur Hand hatten, aber auf jeden Fall helfen wollten, besannen sie sich wohl notgedrungen auf ein anderes Hilfsmittel. Noch heute bin ich davon fest überzeugt, daß es sich auch nur um ein altes Hausmittel handelte, indem sie den Pastor einfach anpinkelten. Nun ist aber auch allgemein bekannt, daß oft gerade die gutgemeinten Hilfsaktionen total verkannt werden. Da sie älter waren als ich, hatten sie sicher auch auf dem Gebiet ihre Erfahrungen. Um eventuellen Mißverständnissen vorzubeugen, versprachen sie mir eine gehörige Tracht Prügel, wenn ich etwas über ihre Hilfsaktion erzählen würde. Zu meiner Zeit hatten wir noch Achtung und Glauben zu den älteren, und daher glaubte ich auch an ihr

Versprechen. Andersherum, wem hätte ich es auch schon erzählen sollen? Ich wüßte ja auch schon vorher, was meine Mutter dazu sagen würde. Sie würde sagen: „Es ist Sünde, einen Pastor anzupinkeln.“ Dann hätte ich versucht, die Sache zu erklären, aber über die Schwierigkeit war ich mir vollkommen klar. Hermann Gaffry, unser Nachbar, genoß mein Vertrauen. Er war Freidenker und hatte in vielen Dingen eine eigene Meinung, und er lachte oft auch über Sachen, die anderen als heilig galten. Aber in seiner Ehrlichkeit hätte er gesagt, auch ein Pastor sei schließlich ein Mensch und deshalb dürfe man auch einen Pastor nicht anpinkeln.

Sonntags war es allgemein üblich, daß sich die Geschäftsleute und die Handwerker in der Kirche sehen ließen.

Sie saßen dort in Geistes Ruh, als hörten sie der Predigt zu.

Auf irgendeine Art war nun auch einmal unser Kasper Schmidt am Sonntag in die Kirche gelangt. Der Pastor predigte, und in die andachtsvolle Stille hinein hörte man unsern Kasper rufen: „Na, wennt man wohr is?“ Weil sich der Zwischenruf dann auch noch wiederholte, fühlte sich unser Pastor in seiner Rede gestört. Er warf einen Blick in die Gemeinde zu seinen Füßzen und hatte dann eine Bitte: „Ach Meister Wendland und Meister Reetz, bringt doch mal den armen Sünder raus!“

Zum Schluß soll er dann auch noch für den armen Sünder gebetet haben, erzählten lange Zeit noch alle, die dabei gewesen waren.

Reime

Mein Bruder

Es wird wieder blühen die Heide,
der Flieder weiß und rot.
Die Vöglein werden noch singen im Hain,
doch mein Bruder, mein Bruder ist tot.

Dort unten die grünen Wiesen,
das war unser Paradies,
und noch immer seh ich dich winken,
als ich die Heimat verließ.

Du bist noch in meiner Nähe,
ich spüre es ganz genau,
so oft ich bin in der Heimat
und über die Wiesen ich schau.

Ach dort ist doch noch jeder Fleck
mir so lieb und vertraut,
und alles spricht von der Jugend,
was heut noch mein Auge schaut.

Es nicken die alten Häuser
beim Abschied mir noch einmal zu.
Dann hab ich für eine Weile
in meinem Herzen Ruh.

Waldzauber

Umwebt von dem Geheimnis der Natur,
seh immer wieder ich
den Wald in seiner Eintracht
vor mir liegen.

Es neigt die Birke sich im Sturme,
die Tanne schüttelt plump nur ihr Gezweig,
jedoch die alten Waldesriesen
stehn bis in alle Ewigkeit.

Es schwebt ein heilger, süßer Friede
voll Ruhe und so tiefer Kraft.
Ich schäme mich der vielen Sorgen,
was ist es dem, der dies geschafft?

Die edelsten der Sänger im herrlichsten Gewand,
die leben still verborgen im tiefsten, stillen Wald.
Wohl blühet manche Blume in satter, prunker Pracht,
wird sie jedoch gebrochen, dann welkt sie über Nacht.

Die schönste aller Blumen im zarten, reinen Blau
duckt sich so ganz bescheiden in tiefster Waldesau.

So mancher geht durch Wälder und lärmt und tobt und lacht,
der hat noch nie empfunden, des Schöpfers große Macht.

Ich streife durch die Wälder und wandre durch die Flur
und fühl mich dann geborgen im Banne der Natur.

Versunken

Es gab einst Burgen und Schlösser
in prunkender, glitzernder Pracht,
und altes Gemäuer raunt heute noch
von längst versunkener Macht.

Es sind noch die gleichen Höhen,
die gleichen schimmernden Seen,
sie sahen Geschlechter kommen
und sahen Geschlechter gehn.

Dort über den Eichenwipfeln
schwebte manch stolzer Aar.
Auch er ist längst entschwunden
wie alles, was einmal war.

Es raunen die alten Mauern,
wenn leise der Nachtwind geht.
Sie schweigen stumm in Trauer,
denn keiner sie mehr versteht.

Am Grabe meines Großvaters

Inmitten all der Gräber mit Kreuzen aus Holz und Stein
stand stumm an einem Grabe mein liebes Mütterlein.

Hier ruhten ihre Hände, die sonst nur immer sich mühn,
sie fanden sich zum Gebete und Tränen fielen ins Grün.

Ich dachte dem, der hier lieget, die Mutter an seiner Hand,
da hat auch er gestanden an eines Grabes Rand.

Er liebte wie ich die Ferne, zog durch die weite Welt,
ich grüße von ihm unsere Wälder, ich weiß, daß es ihm gefällt.

All, was ich hab auf Erden, Gesundheit und frohen Mut,
hab ich von meinen Ahnen, es bleibt das gleiche Blut.

Wenn ich dann lieg und ruhe, wer weiß wann's Gott gefällt,
dann ist bestimmt auch jemand und grüßt von mir die Welt.

Ehrlichkeit

Man hört der schönen Worte viel
und ist trotzdem allein.
Ja, Worte bauen Brücken nicht,
es muß was andres sein.

Wo viele Worte schön bedacht
und dazu lieblich klangen,
da eilt ich fort, da war ich fremd,
so ist es mir ergangen.

Ein stummer Gruß,
ein fester Blick,
man trifft es
aber meistens nicht.

Da wo man braucht die rauhe Art,
da kehr in Frieden ein.
Denn wer nicht sucht nach einem Schein,
kann höchstens besser sein.

Heimat

Hahnenfuß und Dotterblumen
blühen jetzt in Wies und Moor,
und des Kuckucks froher Ruf
lockt das letzte Blümlein vor.

Kelch an Kelch in allen Farben
wie ein Teppich bunt geschmückt,
und die Bienlein wie Libellen
sind von all der Pracht entzückt.

Falter tummeln sich vor Glück
sinnestrunken ob der Pracht
zu der Vöglein Musizieren,
alle Sinne sind erwacht.

Seine Straße zieht der Fluß
grau und auch schon alt an Jahren,
doch auch er ist frohbeglückt,
Rosen tun es offenbaren.

Auch der Wald in holder Eintracht
grüßt den frohen Wandersmann.
Sieh, die Welt ist schön und groß,
doch eine Heimat hat man bloß!

Herbst

Jetzt toben Stürme rauh durchs Land.
Der Wald, er geht zur Ruh,
der Vögel Lieder sind verhallt,
Totes sinkt der Erde zu.

Ein einsamer Wandergeselle
im schwarzen Trauergewand,
er krächzt seine Abschiedsklage
hinaus ins müde Land.

Als trauere auch der Himmel
der nun entschwundenen Pracht,
fallen aus grauen Wolken
Tränen ohne Ende herab.

Es friert ein verlassenes Blümlein
im schlichten Sommergewand,
schon neigt es müde das Köpfchen,
jetzt wird es sterben bald.

Frühlingserwachen

Zum Licht erwacht die graue Welt.
Die Sonnenstrahlen necken
den alten Baum
im tiefen Schlaf, sie möchten ihn erwecken.

Schon reckt und streckt der Alte sich,
er schlief so lang und fest.
Da kommt der Sturm und rüttelt ihn
und zaust ihm ins Geäst.

Noch trunken, doch voll neuer Kraft
erwacht nun leis der Alte,
damit sein neues Festgewand
zum Maien sich entfalte.

Der Rabe

Ein Rabe sitzt im kahlen Geäst
stumm wie in Traurigkeit.
Der Wald um ihn ist totenstill,
ihn friert im nassen Kleid.

Wie war die Welt einst rein und klar
und voller Blütenduft,
der Himmel schaute so lieblich drein,
wie sang es im trauten Hain.

Und ist dies noch dieselbe Welt,
die jetzt so kahl und grau,
des alten Raben Klagelied
ist wie die Welt so rauh.

Soldatengräber

Stumm und traurig in fremdem Land
stehen Kreuze am einsamen Hang.

Das Holz schon modern, der Name verblaßt,
so trauern sie hier am vergessenen Platz.

Der Regen tropft vom Kreuz herab,
als fielen Tränen auf das Grab.

Bald hüllt der Winter alles ein,
dann wird es hier noch stiller sein.

Fern in der Heimat, wo sie zu Haus,
da schaut man vergebens nach ihnen aus.